LaLeLu – und was nu...
Wenn Kinder vor den Eltern sterben

Vertrieb: Bücher auf Rädern, Spohrstraße 41, 60318 Frankfurt
Telefon: 069-550507, Telefax: 069-550509

Umschlaggestaltung: Dennies Goldau, www.denise-g.de
Illustrationen: Ingo Klein (Sternenkinderzeichnungen) und Carla Kröhnert (Hände mit Tränen), www.beepworld.de/members32/carlaslebensgalerie
Druck: Clausen & Bosse, Leck
Dieses Buch wurde auf chlorfreiem Papier gedruckt

ISBN 3-934839-03-7

Die Autorin
Eileen Kappeler lebt und arbeitet seit 1993 als Krankenschwester auf einer Kinderintensivstation in der Nähe von Frankfurt. Gemeinsam mit ihrem Mann Norman Kappeler gründete sie im November 2001 eine Selbsthilfegruppe für trauernde Familien aus Deutschland, der Schweiz und Österreich: das LaLeLu-Projekt.

Anmerkung des Verlages
Eileen Kappeler reflektiert in diesem Buch ihre eigenen Erfahrungen und Erlebnisse, sowie die Empfindungen und Gefühle anderer trauernder Menschen. Um die Authentizität ihrer Schilderung zu erhalten, hat der Verlag weitgehend auf eine redaktionelle Aufbereitung des Textes verzichtet.

Haftungsausschluss
Der Inhalt dieses Buches ist sorgfältig recherchiert und erarbeitet. Dennoch erfolgen alle Angaben ohne Gewähr. Weder die Autorin noch der Verlag können für eventuelle Nachteile oder Schäden, die aus den im Buch gemachten praktischen Hinweisen resultieren, eine Haftung übernehmen.

Eileen Kappeler

LaLeLu – und was nu...

Wenn Kinder vor den Eltern sterben

„Es gibt Halt, um den man bittet.
Dann gibt es jenen, der einfach da ist.
Und dann den, der aus tiefstem Herzen kommt.
Das ist der Größte!"

CLAVIS

☆ *Die mit einem Stern gekennzeichneten Beiträge, sind Geschichten oder Erfahrungsberichte.*

LaLeLu – und was nu...

waren die Worte einer Mutter, die fassungslos
– eine Spieluhr in der Hand –
am Bettchen ihres schwerkranken Kindes saß.
Ich konnte in diesem Moment nichts erwidern.
War zu ergriffen
von der Angst und Verzweiflung in diesem Raum.
Und ich nahm einfach ihre Hand...

Mein Buch berichtet nicht über die neuesten Erkenntnisse im Hinblick auf Sterben und Tod. Es spiegelt auch keine medizinische Abhandlung dieser komplexen Thematik wieder. Die folgenden Zeilen sind für mich eine Sache des Herzens.

Einige einleitende Gedanken

„Der weiss es wohl, dem Gleiches widerfuhr
Und die es trugen mögen mir vergeben.
Bedenkt: den eignen Tod, den stirbt man nur.
Doch mit dem Tod der andren muss man leben...“

Mascha Kaléko

Früher waren Hausgeburten üblich. Auch Kranke und Sterbende wurden von ihren Familien in der gewohnten heimischen Umgebung umsorgt und begleitet. Heute ist das ganz anders: Die meisten Kinder erblicken das Licht der Welt in Geburtskliniken. Kranke und Verunglückte kommen sofort in die Obhut medizinischer Einrichtungen. Der Fortschritt in der Kinderheilkunde ist groß und damit auch die Hoffnung auf Genesung. Scheinbar Unmögliches kann mittels moderner Medizin möglich gemacht werden. Viel zu früh geborene Kinder können heranwachsen. Schwerstkranke werden gesund und lebensbedrohliche Situationen entschärft. Ein Segen für die Menschheit.

Der fortwährende Kampf um Leben ist sehr anstrengend und birgt auch viele Gewissenskonflikte in sich. Er bringt irgendwann jeden Arzt und jede Krankenschwester an die Grenzen der Belastbarkeit. Der andauernde körperliche und seelische Stress nagt an unseren Kräften. Oftmals sind wir dann müde und erschöpft. Manchmal fühlen wir uns ausgebrannt. Aber wir haben gelernt, zu funktionieren und setzen uns sehr erfolgreich für das Leben ein. Der Tod hat darin keinen Platz. Und doch ist er fortwährend an unserer Seite. Spürbar. Aber wir hüllen uns in Schweigen. Und haben dies auch nie anders gelernt. Doch der Tod hat seine eigenen Gesetze. Er kommt, wann er will. Völlig unvorbereitet finden wir Ärzte und Schwestern uns dann ganz plötzlich in einer anderen Aufgabe wieder. Wir begleiten ein sterbendes Kind aus dem Leben hinaus. Und wir müssen den Eltern dieses Kindes die wohl grausamste Botschaft überbringen, die es gibt. Vieles bricht dann auf uns ein. Ich persönlich wäre so manches Mal in solch unglaublich schwierigen Situationen am liebsten davon gelaufen.

Niemand kann von sich behaupten, in solchen Momenten nicht überfordert zu sein. Der Tod eines kleinen Patienten wird von uns Ärzten und Schwestern meist als Niederlage empfunden. Er macht so hilflos, rührt auch an der eigenen Sterblichkeit. Und manchmal lähmt er sogar. Die Nähe des Todes fordert auch die Auseinandersetzung mit sich selbst. Viele Gefühle werden frei und verlangen danach, durchlebt zu werden. Meist fehlt dafür Mut und auch Zeit. Der Leistungsdruck in unseren Aufgaben ist hoch und fordert unsere ganze Energie. Unsere Professionalität und Mächtigkeit bröckelt im Angesicht des Todes. Aber das darf nicht sein. Wir üben uns geschickt im Überspielen aufkommender Gefühle. Unser Arbeitsplatz ist ja auch das Krankenhaus und nicht das Sterbehaus. Kein Wunder, wenn dann der offene Umgang mit Sterben und Tod in deutschen Kliniken oft auf der Strecke bleibt. Und doch wird täglich in Deutschlands Kinderkliniken und Kreißsälen gestorben. So endet beispielsweise fast jede vierte Schwangerschaft glücklos. Etwa 4000 Kinder sterben unter der Geburt. Mehr als 1000 Kinder erliegen jährlich den Folgen eines Unfalls. Auszüge einer nüchternen Statistik. Zahlen, die von einem Rückgang der Kindersterblichkeit sprechen. Die aber nichts über das Leid sagen, das über die betroffenen Familien einbricht. Denn hinter jeder einzelnen Zahl steckt eine Mutter und ein Vater, die das Liebste auf der Welt verloren haben. Dahinter steht tiefe Sehnsucht, die nie enden wird. Nichts scheint mehr unter Kontrolle. Nichts ist mehr so, wie es war oder wie man es sich für die Zukunft vorgestellt hatte. Untypisch für die Natur des Menschen. Und das macht Angst.

Wie unglaublich wichtig und wertvoll ein verständnisvoller, mitfühlender Mensch in den schweren Stunden des Abschiedes ist, habe ich am eigenen Leib erfahren müssen. Als ich auf der anderen Seite stand, verzweifelt und stumm um Hilfe flehte. Keine Hand streckte sich mir entgegen und der Tunnel der Dunkelheit schien endlos. Das höchste Maß an Mitgefühl war der schnelle Trost einer schnelllebigen Gesellschaft. Das schmerzte fast noch mehr. Es verwundete mich tief. Raubte mir auch noch meine letzte Kraft. Aber genau dieser Schmerz verdeutlichte mir auch das schon längst notwendig gewordene Umdenken in meinem Beruf. Heute habe ich den Mut, mich meinen Ängsten zu stellen und schreibe dieses Buch. Nicht um zu belehren oder gar anzuklagen. Sondern um all den Menschen eine Hilfestellung zu bieten, die danach suchen.

Ich weiß, dass kein Arzt und keine Schwester je in der Lage sein werden, den Schmerz trauernder Eltern zu verringern. Aber ich schreibe mit dem tiefen Gefühl wohltuender Wärme in mir, die jede haltende Hand und jedes offene Herz entgegen bringen kann.

Das Wunder der Entstehung neuen Lebens

Was in einer Schwangerschaft geschieht

Jeden Tag werden Kinder geboren. Es ist das Natürlichste auf dieser Welt. Und doch ist das Entstehen und Heranwachsen eines neuen Lebens im Mutterleib in all seinen Abläufen ein echtes Wunder. Es gibt wohl nichts, was spannender und faszinierender sein könnte. Die Zeit der Schwangerschaft und Geburt zählt zu den intensivsten und gefühlvollsten Lebensabschnitten überhaupt. Von Anfang an wandelt sich der Körper und die Seele einer schwangeren Frau. Die Lebenssituation des Vaters und der Mutter ändert sich von Grund auf. Viele Dinge bekommen eine völlig neue Perspektive und das Verantwortungsgefühl wächst mit dem Wissen um das neue Leben. Für werdende Eltern gibt es keine Keimzellen, Föten oder Embryonen, sondern einzig und allein **ihr Kind**. Sie haben meist schon lange Zeit vor der Geburt einen innigen und sehr intensiven Kontakt zu dem kleinen Wesen aufgebaut und bereiten sich gründlich auf die Ankunft des neuen Familienmitgliedes vor.

☆ Aus einem Schwangerschafts-tagebuch

Hallo, Ihr da draußen! Mama und Papa sagten mir, dass es für sie noch nie etwas Schöneres gab, als die Nachricht, ich sei unterwegs. Seitdem die beiden nun von mir erfahren haben, gehen sie regelmäßig zu so einem Mann und der macht dann immer Fotos von mir. Meine Bilder werden ständig bei Freunden und in der Familie herum gereicht, damit mich auch jeder bestaunen kann. Alle lachen dann so laut und freuen sich und jeder will über Mamas Bauch streicheln. Das nervt ja schon ein bisschen an solchen Tagen. Ich fand meinen Einzug in Mamas Bauch übrigens echt spannend. Ständig gibt es etwas Neues. Auch für meine Mama, der ich von Anfang an klar machte, was es bedeutet, unterzuvermieten. So ein Bauch ist schon was Tolles. Es ist warm und gemütlich und man wird mit Nahrung versorgt über eine Leitung. Das geht ganz automatisch. Einfach klasse. Ich hoffe nur, das ist später nach meiner Geburt auch so...

Da ich von Anfang an sehr neugierig auf die Welt draußen war und es eigentlich schon immer eilig hatte, begann ich bereits in der **6. Woche** damit, meine Organe auszubilden. Das war vielleicht viel Arbeit. Ich war gerade mal so groß wie eine Bohne und sollte schon Wunder vollbringen. Aber was tut man nicht alles... Diese Zeit war auch ganz schön gefährlich für mich: Organe ausbilden geht nicht ohne Risiko. Mama wusste das auch und war daher sehr angespannt. Sie weinte manchmal, und Papa musste sie oft trösten. Aber das haben wir dann auch recht schnell wieder hin bekommen. **Nur wenige Tage später** belohnte ich die beiden mit kräftigen Herztönen, die sie mit so einem Gerät auch richtig hören konnten. Papa ist seitdem ganz glücklich und lauscht ständig an meiner Wohnung. Immerzu hält er seine Ohren an Mamas Bauch. Das fühlt sich ganz witzig an. Ich kann ihn ja wirklich durch die Bauchdecke spüren. Die beiden haben sich damals so sehr gefreut, dass sie gleich mal nach einen Namen für mich suchten. So habe ich schon seit der **9. Woche** einen schönen Namen. Nur die Sache hat echt einen Haken: Mama ist ja der festen Meinung, ich sei ein Junge. Pah! Mal sehen, wann sie hinter mein Geheimnis kommen. Ach übrigens, sogar meine Arme und Beine waren nun schon winzig angedeutet. Da bin ich echt stolz drauf. Aber was für eine Aufregung in diesen Tagen! Mama spürte das auch immer wieder mal und ihr wurde oft übel. Sie sagte dann immer zum Papa, dass ich ihre Hormone herumwirbeln würde. Das verstehe ich ehrlich nicht so ganz. Denn eigentlich habe ich für so was doch gar keine Zeit. Aber vielleicht geht auch das ja ganz automatisch.

Ab der **10. Woche** ging es Mama etwas besser und ich konnte endlich mit meinen Turnübungen beginnen. Natürlich ganz vorsichtig, damit ich sie nicht störe. Ich merkte auch schnell, dass es mehr Essen und Trinken gibt, wenn sich Mama wohler fühlt. Da muss man anscheinend wirklich vorsichtig sein, sonst herrscht Ebbe in der Speisekammer. In der selben Woche hat sich mein Herz in zwei Kammern geteilt. Das war auch noch mal ganz schön aufregend.

Meine Mama und mein Papa sind einfach toll und so habe ich mich in der **13. Woche** als Untermieter der beiden entschieden, ihnen schon im Gesicht etwas ähnlich zu werden. Ein bisschen Mama, ein bisschen Papa – wie mir halt gerade zumute ist.

Ab der **15. Woche** konnte ich dann auch endlich meinen kleinen Mund öffnen, um Fruchtwasser zu trinken. Mann, hatte ich einen Durst! Aber da fingen meine Sorgen schon an: Es will mir noch nicht gelingen, an meinem winzigen Daumen zu lutschen. Naja, Übung macht den Meister! Irgendwie haben die beiden da draußen ja scheinbar vergessen, mir einen Schnuller mitzugeben.

Seit der **16. Woche** gelingt es mir nun auch endlich, Grimassen zu schneiden. Von nun an kann ich also so richtig herzhaft über meine Eltern lachen. Wenn sie von mir, ihrem Jungen, sprechen. Ich wog in dieser Woche so ungefähr 110 Gramm und bin schon so was von frech.

Eine Woche später beginne ich mit meinen Atemübungen. Das kann ja nie schaden für die Welt da draußen. Außerdem beschloss ich, dass es nun an der Zeit sei, mich richtig deutlich bemerkbar zu machen. Turnen ist einfach nur super! Am witzigsten ist es aber, so richtig dolle zu turnen bis die Mama den Papa ruft, damit er mich auch fühlen kann. Tja, und dann blitzschnell mucksmäuschenstill sein. Das ist ein Spaß! Schön ist es auch immer, mit Mama allein zu sein. Sie erzählt mir dann meistens ganz viel vom Papa, der nun die Wohnung draußen für mich ausstattet. Das finde ich total lieb von ihm. Weniger lieb fand ich dagegen den Streit, den die beiden hatten. Irgendwie ging es da um Mamas Beruf oder wie das heißt. Das machte mich ganz schön nervös. Aber Mama sagte mir dann immer und immer wieder, wie lieb sie mich doch schon haben. Und wie sehr sie sich auf mich freuen. Das beruhigte mich dann wieder. Gespannt lauschte ich dem Klang ihrer Stimme. In dieser Zeit begann ich auch zu träumen...

Ungefähr **zwei Wochen später** wog ich tatsächlich schon gute 200 Gramm und ich konnte von nun an auch Papas Stimme wahrnehmen. Er klingt immer ganz niedlich, wenn er mit mir spricht. Manchmal muss ich richtig darüber lachen. Auch das gelingt mir nun schon vorzüglich. Es ist lustig, wenn die beiden versuchen, meine Vorlieben zu erforschen. Ich bekomme jede Menge Musik zu hören. Am Liebsten mag ich aber das Klassische.

Bis zur **20. Woche** habe ich sage und schreibe so ganz nebenbei mehr als zwölf Milliarden Nervenzellen gebildet! Das soll mir erst mal einer nachmachen.

Ab der **22. Woche** muss ich mich vor dem Mann mit diesem Bildermachgerät geschickt verstecken, damit er mein Geheimnis nicht entlarven kann. Jetzt könnte er doch schon sehen, ob ich nun Junge oder Mädchen bin.

Endlich ab der **23. Woche** kann ich mich so richtig beim Daumen lutschen entspannen. Das ist vielleicht toll! Am meisten Spaß macht es mir nun, Mama in den Wahnsinn zu treiben mit meinen eigenen Schlaf- und Wachphasen. Ich habe schnell gemerkt, dass es nach nächtlichen Turnübungen immer etwas Süßes gibt. Und das mag ich doch so gern. Stolze 500 Gramm habe ich mir nun angefuttert.

In der **28. Woche** ist etwas ganz Seltsames geschehen. Plötzlich öffnen sich meine kleinen Augen und ich kann schon ein bisschen was sehen. Aber da habe ich noch nicht so rechte Lust drauf. Entspannen und träumen lässt es sich doch eh am besten mit geschlossenen Augen. Zu meinen Lieblingsbeschäftigungen zählt in diesen Tagen sowieso eher das Trinken von Fruchtwasser. Wenn ich genug davon trinke, bekomme ich einen schönen Schluckauf. Das macht Spaß. Ich wachse und wachse auch immer mehr, was man Mama gut ansehen kann. Sie trägt überall stolz ihren Bauch durch die Gegend und gibt sogar ein bisschen mit mir an. Aber so langsam wird es auch ganz schön eng in dieser kleinen Einzimmerwohnung bei Mama. Immer weniger Platz bleibt mir zum Boxen und Treten und Zappeln. Manchmal bin ich deswegen richtig eingeschnappt und verschränke deshalb meine Arme vor der Brust und tue einfach gar nichts. Mama kriegt dann immer so einen Schreck, weil sie mich nicht spüren kann. Also bewege ich mich doch hin und wieder. Natürlich nur ihr zuliebe.

Die letzten Wochen der Schwangerschaft versuche ich noch mal so richtig zu genießen. Draußen sprechen alle von der bevorstehenden Geburt. Das macht mir Angst, weil ich nicht genau weiß, was es zu bedeuten hat. Es scheint auf jeden Fall mit Stress verbunden zu sein. Ich versuche also noch möglichst viel Fett anzusammeln und trainiere auch vorsorglich Blase, Nieren und Magen. Da es mir nun wirklich zu eng im obersten Stockwerk bei Mama wird, verziehe ich mich schon mal ein bisschen nach unten. Mama spürt das auch und hält sich den Bauch. Sie sagt etwas von Senkwehen. Eigentlich ist es ein tolles Leben in Mamas Bauch! Aber heute habe ich das Gefühl, ich sollte endlich ausziehen. Es wird Zeit für die Welt da draußen. Schon bald bin ich da. Ich ruhe mich nur noch ein bisschen aus. Hoffentlich geht alles gut...

Das traurige Ende einer Schwangerschaft

Wenn eine Schwangerschaft glücklos endet

„Hoffentlich geht alles gut." Ein Satz, der sicherlich allen werdenden Eltern irgendwann einmal durch den Kopf geht. Meist überwiegt die Hoffnung und Ängste werden in der Regel sehr schnell beiseite geschoben. Das ist auch gut so, denn die Schwangerschaft sollte für werdende Eltern eine Zeit der Freude und des Glücks sein. Ungetrübt und voller Zuversicht. Unfassbar, wenn diese Zeit abrupt mit dem Tode des Kindes endet. All die Träume und Wünsche werden von einer Sekunde zur nächsten vernichtet. Tiefe Verzweiflung und Leere machen sich breit. Es ist ein Tod zur Unzeit, wie ihn einst Hermann Hesse treffend bezeichnete. Die Wiege bleibt leer. Und das, was eine Frau instinktiv am meisten fürchtet, wird plötzlich zur bitteren Realität.

Das fehl-, früh- oder totgeborene Kind

Der Gedanke, so etwas könne nur anderen aber nicht mir selbst geschehen, trifft nicht mehr zu. Fast jede vierte Schwangerschaft endet mit dem Tod des Kindes. Es spricht nur niemand offen darüber.

Der Verlust eines Kindes während der Schwangerschaft oder unter bzw. kurz nach der Geburt wird juristisch und medizinisch als Fehl-, Früh- bzw. Totgeburt bezeichnet. Als **Fehlgeburt** gilt jedes Kind mit einem Geburtsgewicht unter 500 Gramm, das außerhalb des Mutterleibes nicht lebt. Das bedeutet, bei diesen Kindern schlägt nach der Scheidung vom Mutterleib weder das Herz noch pulsiert die Nabelschnur. Die eigenständige Lungenatmung setzt nicht ein. Man unterscheidet die sogenannte frühe Fehlgeburt bis zur zwölften Schwangerschaftswoche und die späte Fehlgeburt bis zur 25. Schwangerschaftswoche. Eine **Frühgeburt** bedeutet in diesem Fall, dass das Kind vor der vollendeten 37. Schwangerschaftswoche mit einem Gewicht unter 2500 Gramm zwar lebend geboren wird, aber danach verstirbt. Hierbei sei erwähnt, dass die meisten frühgeborenen Kinder heutzutage eine durchaus gute Chance auf Leben haben. Eine **Totgeburt** ist ein Kind mit einem Gewicht über 500 Gramm, welches im Mutterleib oder unter der Geburt verstirbt. Diese drei Begriffe werden hauptsächlich in der Rechtssprache oder auch im Festhalten sogenannter medizinischer Diagnosen angewandt.

Im Gespräch mit betroffenen Eltern bemühe ich mich stets, diese nüchternen Bezeichnungen zu vermeiden. Bringt eine Mutter ihr bereits verstorbenes Kind auf die Welt, so empfinde ich die Worte „still geboren" als angemessener und wesentlich feinfühliger. Ebenso halte ich es für sehr unangebracht, den Eltern gegenüber von ihrer Fehlgeburt zu sprechen. *(Es hat mir schier das Herz zerrissen. Der Arzt sprach von meinem Kind wie von einem Abfallprodukt, das es schnell zu beseitigen gilt. Ich konnte es nicht fassen und hätte ich die Kraft dazu gehabt, ich hätte ihn in diesem Moment beschimpft für sein Verhalten.)* Auch wenn die Schwangerschaft ein so frühes, trauriges Ende nimmt, so ist es doch das Kind dieser Eltern, das gestorben ist! Für Eltern, die sich im Zeitraum von Schwangerschaft und Geburt von ihrem Kind verabschieden müssen, ist es oft besonders schwer, Verständnis und Kraft durch die Umwelt zu finden. Ihre Gefühle werden von Außenstehenden meist nicht wahr genommen oder mit Sprüchen erdrückt. *(Sei froh, dass es jetzt schon passiert ist.)*

Viele Eltern stehen dann sehr schnell allein in ihrer Trauer und fühlen sich unverstanden und ausgestoßen. Auch das offene Gespräch in der Partnerschaft kann in dieser schweren und befremdlichen Situation rasch ins Stocken geraten. Mona, die Mutter der Sternenkinder Kim und Nancy, fragte mich einmal: „Wenn ein Kind geboren wird und wenn es lebt, dann bekommen die Eltern Glückwünsche und Geschenke. Auch ich habe meine Kinder geboren, doch sie sind tot. Aber warum bekomme ich nichts?"

Ich konnte darauf nicht sofort antworten und habe viel darüber nachgedacht. Was mag wohl der Grund dafür sein?

- Ist es Berührungsangst oder Kontaktscheu?
- Ist es die Angst, etwas Falsches oder Verletzendes zu sagen?
- Ist es Sprachlosigkeit oder Schock?
- Ist es die Angst, mit dem Tod in Berührung zu kommen?
- Oder die Angst vor einer Konfrontation mit eigener, noch nicht verarbeiteter Trauer?
- Ist es vielleicht die Angst vor dem eventuellen Mitteilungsbedürfnis der betroffenen Eltern und die Sorge, genau dies nicht ertragen zu können?
- Oder ist es vielleicht der fehlende Bezug zu dem verstorbenen Kind, da Sie selbst es nach der Geburt nie sehen, fühlen, halten, streicheln konnten?
- Oder wird ein Kind, das vor, während bzw. kurz nach der Geburt verstirbt, in so manchen Köpfen vielleicht als nicht trauerbedürftig erachtet? Eventuell steht diese Einschätzung ja auch in Zusammenhang mit Größe und Gewicht des Kindes oder mit dem erreichten Schwangerschaftsmonat zum Zeitpunkt der Geburt.

Zu dem letzten der eben angeführten Punkte kann ich nur sagen: Wenn das Ihre Meinung ist, dann bitte überdenken Sie Ihre Ansichtsweise in aller Ruhe und informieren Sie sich! Hierzu ein paar Gedankenstützen:

- Die Organe des Kindes werden bereits in den ersten zwölf Schwangerschaftswochen ausgebildet. Beispielsweise schlägt das Herz sichtbar und hörbar ab der siebten Woche.
- Eine Frau beginnt sich schon kurze Zeit nach dem Einsetzen der Schwangerschaft körperlich – aber vor allem mental – zu verändern.
- Ab etwa der achten Schwangerschaftswoche hat das kleine Wesen bereits ein menschliches Aussehen.

- Eltern können etwa ab dem fünften Schwangerschaftsmonat spüren, wie sich ihr Kind im Mutterleib bewegt.

Ich denke, diese Fakten sprechen für sich. Wer glaubt, dass eine Mutter – die ihr Kind niemals hat weinen oder lachen hören, die es nie füttern oder wickeln konnte – nicht trauert, der irrt. Die Tatsache, dass dieses kleine Wesen nur sehr kurz oder gar nicht außerhalb des schützenden Mutterleibes leben konnte, verändert den Trauerweg der Eltern vielleicht ein wenig. Aber in keinem Fall ist die Trauer deswegen leichter oder gar kleiner! Auch Eltern, die bereits in der Frühschwangerschaft verwaisen, müssen sich von ihren Träumen, ihren Zukunftsplänen, ihren Gefühlen und ihren Wünschen, **von ihrem Kind** verabschieden. Wenn Sie aber die oben angeführte Frage mit einem der anderen Punkte beantworten konnten, dann möchte ich Ihnen Mut zusprechen. Ich denke, dass zum Beispiel Kontaktängste in so einem Fall ganz normal sind. Wer von uns beschäftigt sich schon gern mit dem Tod? Ängste verlieren ihre Macht, wenn Sie die Kraft finden, über diese zu sprechen und ihnen offen zu begegnen.

Jeder Mensch kann für einen Trauernden eine wertvolle Stütze sein! Denn eines ist ganz sicher: Der Weg durch die Trauer um ein verstorbenes Kind muss von den Eltern gegangen werden. Hierzu möchte ich ein paar Zeilen aus dem Buch: „Gute Hoffnung – jähes Ende“ von Hannah Lothrop zitieren:

„So schwer es sein mag – es gibt keinen einfacheren Weg. Um wieder heil zu werden, wieder liebes- und lebensfähig zu sein, muss ich es wagen, die Erfahrung mit allen aufkommenden Gefühlen bewusst zu durchleben, sie an mich heranzulassen und mich davon erschüttern zu lassen.“

☆ Die stille Geburt von Kim und Nancy

Im folgenden Abschnitt können Sie die Geschichte von Kimberly und Nancy nachlesen, die Mona geschrieben hat. Sie soll verdeutlichen, wie stark das Band der Liebe zwischen Mutter und Kind(er) im Zeitraum der Schwangerschaft schon ist.

Es war ein sonniger Tag, als wir uns bei unserer Mama im Bauch einnisteten. Sie ahnte nicht mal, dass es uns gab. Wir machten es uns gemütlich. Ein tolles Gefühl war das da drin. Nach einigen Tagen wurde es uns langweilig und wir dachten, es wäre an der Zeit, dass wir uns bemerkbar machten. Wir wirbelten Mamas Hormone durcheinander, so dass ihr ständig schlecht war. Und dann auch noch unsere Essenswünsche. Ich wollte immer was Süßes und Kimberly immer was Herzhaftes. Bis heute frage ich mich, wie unsere Mama es schaffte, irgendwie beides zu essen. Aber wir hatten unseren Spaß.

Eine kurze Zeit später ist was Merkwürdiges passiert: Komische Geräusche und ach..., ich kann es nicht beschreiben. Man nennt es Ultraschall. Jedenfalls versteckte ich mich hinter Kimberly. Der Arzt verriet Mama, dass ein Baby in ihrem Bauch ist. Ach, was war ich froh! Er hat mich nicht gesehen. Schließlich wollte ich Mama ja überraschen. Aber einmal war ich zu neugierig und guckte kurz hinter Kimberly hervor und... so ein Mist. Ich wurde erwischt. Das Gesicht von Mama hätte ich gern gesehen...

Mensch Nancy! Wen interessiert das? Jetzt mach mal hin. Ja, ja Kim. Also... wo war ich stehen geblieben? Jedenfalls redete ab diesem Zeitpunkt unsere Mama viel mit uns. Sie hat dann immer den Bauch gestreichelt. Das tat so gut! Sogar mit dem Essen haben wir uns geeinigt. Unsere Mama hat richtig tolle Sachen mit uns gemacht. Und ach ja... da war ja noch jemand... Anita. Ach Kimberly, weißt Du noch, wie sie uns immer erzählt hat? Und weißt du noch, wie wir sie später immer ärgern wollten und sie geboxt und getreten haben? Und somit haben wir ja auch Mama geboxt und getreten. Da haben sie gelacht. Auch sie hatten ihren

Spaß mit uns. So sind wir gewachsen und haben uns immer dicker gemacht. Mama passte schon bald keine Hose mehr. Es war richtig toll dort. Auch wenn Mama versucht hat, uns was vorzusingen. Sie meinte immer, wir sollen uns die Ohren zuhalten, wenn es zu schief wird. Ich hatte sogar ein Lieblingslied. Moment, wie ging das...

Wenn du da bist. Wenn du Licht siehst.
Und das zum aller ersten Mal.
Wenn sie dich sieht. Wenn du mich siehst.
Dann glaube ich werden Wunder wahr...

Nancy! Jetzt reicht es aber. Meinst du die Leute haben ewig Zeit? Ich erzähle jetzt mal weiter: Ich kann Nancy nur zustimmen. Es ist toll, so viel Liebe zu bekommen! Doch ein Tag veränderte alles: Wir kamen gerade von einem Besuch bei Oma und Tante Manu. Mama musste sich etwas beeilen, damit sie den nächsten Zug noch bekommt. Wir liefen eine Treppe runter und plötzlich... da hatte es wohl jemand sehr eilig... und unsere Mama wurde die Treppe mit heruntergerissen. Hey, was war das? Was ist jetzt passiert? Warum sind wir nicht mehr in Mamas Bauch? Das war ein Schreck. Unsere Mama lag auf der Treppe. Am Kopf blutete sie und hielt ihren Bauch fest. Sie redete ununterbrochen mit uns, als wären wir noch da drin. Ich rief: „Mama! Hier sind wir! Schau doch mal nach oben! Uns ist nichts passiert!“ Aber sie hörte mich nicht.

Dann fuhr ein Wagen mit viel Lärm mit ihr weg. Im Krankenhaus wurde ein Ultraschall gemacht. Unsere Mama weinte. Sie starrte das Bild an und redete immer noch mit uns: „Auf! Bewegt euch doch! Na kommt schon!“ Aber nichts rührte sich. So kam es, dass wir am 15. November 2000 in der 15. Schwangerschaftswoche still geboren wurden. Die Krankenschwester legte der Mama uns kleine Wesen in den Arm. Wir waren das ja nicht mehr wirklich. Sie schaute unsere Körper an und weinte, berührte uns und lächelte auch. Dann sagte sie: „Ihr seid so klein, doch schon so perfekt und so verdammt hübsch. Ich verspreche euch, dass Euer Leben in mir und auch euer Tod nicht umsonst war. Ich liebe euch!“ Sie gab jedem von uns noch einen Kuss. Ich glaube, unsere Mama wusste, dass unsere Seelen schon längst nicht mehr in diesen Körpern waren. Denn die waren nun auf dem Weg in das Kinderparadies. Dort wurden wir ganz lieb aufgenommen und haben inzwischen viele Freunde. Gerne schauen wir Mama zu, was sie so macht. Sie redet ja auch immer noch viel mit uns. Ich weiß, sie erinnert sich gern an unser Lächeln. Wie hätten wir auch sonst schauen sollen, als wir gegangen sind? Wir waren 15 Wochen an einem Ort, wo wir nur Wärme und Liebe erfahren haben. Da kann man einfach nur Lächeln.

Und heute schicken wir Engelskinder ganz viel Lächeln auf die Erde. Macht Eure Augen auf und bleibt mal stehen, dann könnt auch ihr das Wunder sehen.

Welche Ursachen es für Fehl-, Früh- und Totgeburten gibt

Das Sterben eines Kindes im Mutterleib kann vielerlei Ursachen haben. Oftmals ist es die Folge einer Infektion oder einer fehlerhaften Weitergabe des Erbmaterials. Auch das Einnehmen bestimmter Medikamente und der Genuss von Drogen können zum Tode des Kindes führen. Eine unzureichend ausgebildete Gebärmutter, eine Nabelschnurumschlingung oder eine gestörte Entwicklung des Mutterkuchens können, genau wie ein unglücklicher Treppensturz oder starker psychischer Stress, Grund für eine Fehl-, Früh- bzw. Totgeburt sein. Die Palette der möglichen Ursachen ist groß. Oftmals ist es aus medizinischer Sicht gar nicht feststellbar, warum ein Kind gestorben ist. Fast jede Mutter macht sich in solch einer schwierigen Situation große Vorwürfe und sucht die Ursachen bei sich selbst. *(Ich konnte mein Kind nicht beschützen.)* Können Sie sich vorstellen, all das Leid und die tiefe Erschütterung in solchen Momenten ohne verständnisvolle Menschen an Ihrer Seite auszuhalten?

Das Mutterschutzgesetz

Leider wird die Mutterschaft betroffener Frauen in unserer Gesellschaft kaum anerkannt. *(Es hat ja noch gar nicht richtig gelebt.)* Für sie endet das Wochenbett in der Regel mit dem Tod des Kindes. Viele Frauen wollen die Klinik schnellstmöglich verlassen aus dem verständlichen Gefühl heraus, einfach von diesem Ort weggehen zu müssen. Auch für den Mutterschutz gibt es einschränkende Gesetze in der Sprache des Unverständnisses. Normalerweise steht jeder Frau ein Mutterschutz von sechs Wochen vor der Geburt und acht Wochen nach der Geburt zu. Mütter von Früh- oder Mehrlingsgeburten haben einen erhöhten Anspruch von zwölf Wochen Schutzzeit nach der Entbindung. Bei Frauen, die ein frühgeborenes Kind haben, kann sich auf Antrag der Schutz nach der Geburt noch um die ursprünglich geplanten sechs Wochen vor der Geburt erhöhen, welche die Frau durch die zu frühe Geburt ja nicht wahrnehmen konnte. Es wird im Mutterschutz nicht unterschieden, ob das Kind lebend geboren wurde, lebensfähig oder lebensunfähig ist. Auch das Geburtsgewicht oder die Körperlänge des Kindes kommen hierbei nicht zum Tragen. Sollte das Kind während der Zeit des Mutterschutzes versterben, dann hat die Mutter trotzdem vollen Anspruch auf die vorgesehene Zeit. So weit, so gut. Ich bezweifle, dass diese Zeit in jedem Fall ausreichend ist für betroffene Frauen. Eine flexible Regelung nach Absprache wäre angebracht. Mütter verstorbener Kinder dürfen ihre Schutzfrist auf eigenen Wunsch verkürzen, aber nicht verlängern. Das hat oft zur Folge, dass sich Krankheitstage häufen, weil viele Frauen weder körperlich noch seelisch in der Lage sind, nach so kurzer Zeit ihren Beruf wieder voll aufzunehmen. Aber zumindest gibt es laut Gesetz ein Anrecht auf Schutzfrist für die **Mütter früh- und totgeborener Kinder**.

Erleidet eine Frau hingegen eine Fehlgeburt, dann verhält sich die Sache ganz anders. Da die **Geburt eines fehlgeborenen Kindes** rechtlich nicht als Entbindung angesehen wird, gibt es hierfür auch keinen Mutterschutz. Diesen Frauen wird mit solch einer Aussage ihre Mutterschaft aberkannt. Sie können nur hoffen, dass ein verständnisvoller Arzt ihnen per Krankenschein eine Zeit zum Trauern und Kraft schöpfen einräumt. Ebenso ergeht es übrigens den Müttern, die einen **medizinisch indizierten Abbruch** durchführen lassen.

Vaterschutz in diesem Sinne gibt es nicht. Einem Mann steht in der Regel ein freier Tag anlässlich der Geburt seines Kindes zu. Stirbt das Kind, erhält der Vater lediglich zwei bis drei freie Tage. Manch verständnisvoller Arbeitgeber bietet vielleicht dem Betroffenen Urlaub an. Hierfür gibt es jedoch keine eindeutige Gesetzesgrundlage und somit liegt die Sache im Ermessen des Arbeitgebers. Traurige Tatsachen, die den Schmerz und das Leid dieser Betroffenen mit Sicherheit nicht lindern.

Das Namensgebungsgesetz

Sollten Sie sich nun fragen, weshalb ich an dieser Stelle einen Blick auf das Namensgebungsrecht werfe, dann kann ich Ihre Verwunderung durchaus verstehen. Auch ich war sehr überrascht, davon zu hören, dass es in diesem Bereich einschränkende Regeln für trauernde Eltern gibt.

Jedes lebende Kind muss in Deutschland nach seiner Geburt dem zuständigen Standesamt gemeldet werden. Sein Vor- und Nachname wird dann in das Geburtenbuch eingetragen und das Kind bekommt eine so genannte Geburtsurkunde ausgestellt. Laut Gesetz werden nun endlich auch alle ab dem 1.7.1998 **totgeborenen Kinder** in das Geburtenbuch eingetragen. Vorher gab es eine Regelung in dieser Form noch nicht. Möchten die Eltern auch den Vornamen ihres Sternenkindes eintragen lassen, müssen sie jedoch dazu einen gesonderten Antrag stellen. Leider bleibt den Eltern **fehlgeborener Kinder** immer noch das Recht auf einen Vermerk im Geburtenbuch verwehrt. Gerade so, als hätte ihr Kind niemals existiert. Das Personenstandsgesetz sagt aus, dass ein Mensch erst mit einem Geburtsgewicht von mindestens 500 Gramm als Person anerkannt wird. Wiegt das kleine Wesen weniger, dann müsse es zumindest bei der Geburt gelebt haben, um als Person bezeichnet zu werden. Schlussfolgernd werden also fehlgeborene Kinder gesetzlich nicht als Personen anerkannt und demzufolge auch nicht in den Personenstandsbüchern vermerkt.

Für mich ist das unglaublich. Heutzutage haben Frühgeborene mit einem Geburtsgewicht um die 500 Gramm schon durchaus eine gute Chance auf Leben. Kinder, die jedoch mit einem solchen Gewicht tot auf die Welt kommen, werden zu allem Leid auch noch totgeschwiegen. Die einzige Chance auf einen schriftlichen Realitätsbeweis liegt für die Eltern bei fürsorglichen Hebammen, die auf die Vollständigkeit des Mutterpasses achten.

Ganz abgesehen von dieser inakzeptablen Gesetzeslage sollte doch wirklich jedes Kind einen Namen haben. Auch wenn Eltern ein Eintrag im Geburtenbuch verwehrt bleibt, so haben sie doch das Recht, ihr Kind beim Namen zu nennen. Ganz gleich, wie klein oder leicht das Kind sein mag oder in welcher Schwangerschaftswoche es geboren wurde. Es ist und bleibt doch das Kind dieser Eltern.

☆ Wie Pünktchen ihr Lied wiederfand – Eine Geschichte voller Sehnsucht

Pünktchens Seele machte sich auf die Reise. Sie hatte von einem wunderschönen Land gehört, wo alle Sternenkinderseelen für immer zusammen spielen und glücklich sind. Schon eine ganze Weile wünschte sie sich in dieses Land mit den lachenden Kinderseelchen, dem Land der Freude, der Liebe voll mit den schönsten Farben und Schmetterlingen. Hier auf der Erde konnte sie ja nicht bleiben. Ihren Körper ließ sie zurück, denn sie wusste, den brauchte sie nun nicht mehr. Sie war so aufgeregt und so neugierig, was würde sie wohl im Sternenland erwarten?

Lang war der Weg und sehr beschwerlich. Und als sie endlich ankam, da war sie sehr erschöpft. Sie stand vor einem Tor, das ganz aus Wolken gebaut war. Mit ihrer letzten Kraft wollte sie nun anklopfen und um Einlass bitten. Doch plötzlich öffnete sich das Wolkentor von ganz allein. Und eine liebe, freundliche Stimme sagte: „Tritt ein, kleines Pünktchen. Wir haben dich schon erwartet."

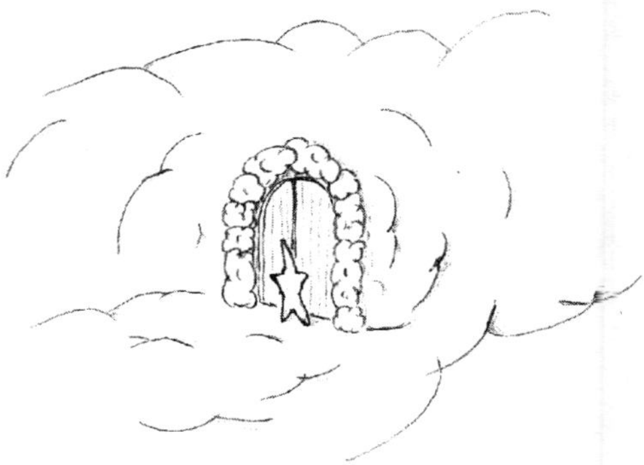

Wo kam diese Stimme wohl her, und wem gehörte sie? Etwas ängstlich trat Pünktchen dann ein. Was sie nun sah, das war so schön, so unbeschreiblich. Überall waren weiße Wölkchen, auf denen Sternenkinder umhertollten. Sie waren so lustig anzuschauen und so fröhlich anzuhören. Sie spielten zusammen die schönsten Spiele, versuchten die Schmetterlinge zu fangen und sangen so schöne Lieder. Pünktchen wurde es ganz warm, und ihre Angst verflog im Nu. So stand sie da nun eine ganze Weile, und wusste nicht so recht, wohin mit sich. Da plötzlich sprach wieder die Stimme zu ihr: „Du musst keine Angst haben. Gehe dort hinüber zu dem Sternenhaus und hole dir dein Gewand. Du musst es anziehen, dann erst können dich die anderen Kinder auch sehen. Und sie werden sich freuen, dass du nun da bist und dich willkommen heißen.“ Aha, dachte die Kleine. Gesagt, getan...

Sie hatte noch nicht ganz ihr kleines Seelchen in den warmen, weichen Stoff gehüllt, da kam auch schon der erste Sternenjunge auf sie zugerannt. Aufgeregt rief er: „Pünktchen, da bist du ja endlich. Willkommen.“ Plötzlich hielt er inne und sagte leise: „Mein Gott, bist du noch klein. Auf dich müssen wir hier besonders acht geben. Sonst fällst du noch von einer Wolke beim Spielen, so klein bist du.“ Pünktchen konnte sich nur noch wundern. Woher wohl wusste dieser Junge ihren Namen? Und woher wusste er, dass sie so klein war. Ihren Erdenkörper hatte sie ja zurück gelassen. Als könnte der Junge ihre Gedanken lesen, erwiderte er: „Erschrecke nicht. Du wirst das alles lernen. Ich heiße Jonas und ich bin schon eine ganze Weile hier. Ich werde dir alles zeigen. Auch du wirst dich hier schnell zurecht finden und dich mit uns freuen können. Und dein Gewand ist nun der ewige Körper für deine kleine Seele. Es macht dich für uns sichtbar, dich unverwundbar und bald auch bei den Erdenmenschen unvergessen.“

So ging nun langsam der erste Tag von Pünktchen im Sternenkinderhimmel zu Ende. Sie hatte noch so viel zu gucken und zu bestaunen und zu lernen, und eigentlich fühlte sie sich sehr wohl. Nur eine Sehnsucht, die war noch bei ihr und begleitete sie. Jonas kümmerte sich rührend um das klitzekleine Sternenmädchen. Er liebte Pünktchen schon wie seine eigene Schwester. Jeden verborgenen Winkel im Sternenland durchstreiften sie und jedes Sternenkind begrüßten sie gemeinsam. Und wenn das Tor wieder aufging, um ein neues Seelchen einzulassen, dann klammerte Pünktchen sich ganz fest an Jonas und dachte an ihre Reise.

So vergingen die Tage und Pünktchen war sehr, sehr glücklich – genau, wie all die anderen Kinder. Nur eine kleine Sehnsucht blieb in ihr wach. Eines Abends sang ihr Jonas ein so schönes Lied, um sie in den Schlaf zu wiegen. Gerade wollte sie ihn danach fragen, da antwortete er schon: „Das ist das Lied, das mir meine Erdenmama immer wieder vorgesungen hat. Ich habe es nicht vergessen. Manchmal, wenn ich spüre, dass sie dort unten auf der Erde traurig ist, dann schicke ich ihr dieses Lied mit dem Wind direkt zu ihrem Ohr. Damit sie weiß, es geht mir gut. Es ist gar nicht so leicht, denn die Erdenmenschen können unsere Sprache hier nicht verstehen. Aber auch das wirst du lernen." Pünktchen fand diese Geschichte sehr schön und freute sich darüber. Sie war sehr glücklich. Nur diese kleine Sehnsucht in ihr, die wuchs. Und warum kannte sie nicht so ein Lied? Eines Tages wanderten die beiden wieder mit den Sonnenstrahlen und irgendwann kamen sie zu einem Turm. Auf dem Turm, er war so riesig, leuchtete ein wunderschöner Stern. Pünktchen wurde neugierig und noch ehe sie fragen konnte, flüsterte ihr Jonas leise zu: „Das ist der Botenturm. Wenn du dort hinauf kletterst, dann kannst du herab sehen auf die Erde. Zu deinen Eltern. Du kannst ihnen von dort aus deine Grüße schicken und ihnen sagen, dass es dir gut geht. Aber damit musst du noch ein bisschen warten. Denn du bist ja noch so klein und es ist nicht leicht, hinauf zu steigen."

Pünktchen war sehr erschrocken und sprach zu Jonas: „Sie wissen nicht, dass es mir gut geht? Das ist ja traurig." Den ganzen Tag dachte sie darüber nach und wurde immer trauriger. Jonas versuchte sie zum Lachen zu bringen. Sie spielten die lustigsten und schönsten Spiele und aßen die leckersten Süßigkeiten. Aber all das konnte Pünktchen nicht helfen.

Irgendwann zupfte sie zaghaft an Jonas und sagte: „Ich möchte auf diesen Turm."

Jonas schüttelte nur den Kopf. „Nein, du kannst da noch nicht rauf. Du bist noch viel zu schwach." Der Junge versuchte sie zu trösten. Oh ja, er konnte sein Pünktchen verstehen. Wie gut kannte er selbst diese Sehnsucht. Nichts half da, nicht einmal der größte, leckerste Regenbogenlutscher. Und so vergingen die Tage. Alle waren fröhlich und spielten zusammen. Nur Pünktchen wurde immer trauriger. Jonas sorgte sich sehr und fragte sich, was er wohl tun könnte. Da kam ihm eine Idee. Er nahm sein kleines Pünktchen und ging mit ihr zu diesem Turm. Noch ehe Pünktchen fragen konnte, schnappte sie der Junge und sie kletterten gemeinsam hinauf. Oh, es war so anstrengend, denn Jonas war es nur gewöhnt, sich selbst dort hinauf zu tragen. Aber er kämpfte, denn er fühlte, es war seine Pflicht. Er war größer und stärker und er liebte diese Kleine ganz besonders. Nur er konnte Pünktchen von ihrer Sehnsucht befreien.

Irgendwann, es dauerte schon sehr lange, kamen sie oben an. Die beiden Seelchen waren so erschöpft und sehnten sich nach etwas Schlaf. Aber Pünktchen konnte es nicht erwarten, endlich ein erstes Mal auf die Erde herab zu sehen. Sie wollte die Grüße zu ihrer Mama schicken und ihr sagen, dass es ihr hier oben sehr gut ginge. Sie wollte ihrer Mama von ihrem neuen Freund erzählen und von all den anderen Kindern. Und von den glitzernden Sternen, von den Sonnenstrahlen und den wunderschönen Farben. Und von den Gesängen hier oben. Und sie wollte auch fragen, warum sie kein solches Erdenlied kannte. Sie wollte so viel! Aber wie? Jonas erkannte ihre Sorgen und sprach: „Liebes, kleines Pünktchen. Ich habe dich bis hierher getragen, aber nun liegt es an dir allein. Du musst jetzt selbst den Weg zum Herzen dieses Erdenmenschen finden, den du so sehr vermisst. Wenn ich die Nachricht schicke, dann versteht sie deine Mama sicher nicht richtig. Das kannst nur du alleine schaffen.“ Die Kleine dachte noch, wie sehr sie ihm wohl danken wollte. Da sagte Jonas nur müde: „Ich weiß, mein kleines Pünktchen. Das ist okay. Wenn du mal stärker bist, wer weiß. Vielleicht wirst du das für ein anderes kleines Seelchen tun.“ Dann legte sich Jonas hin und versank sofort in einem tiefen Schlaf. Pünktchen schaute nachdenklich. Sie war so glücklich, endlich auf dem Turm zu sein. Wie nur konnte sie jetzt die Nachricht schicken und die Küsse? Sie hörte noch Jonas Stimme: „Bedenke, unsere Sprache können Erdenmenschen nicht verstehen.“ Und Pünktchen begann zu überlegen...

Irgendwann, es war schon tief in der Nacht, da kam dem kleinen Pünktchen eine Idee. Sie erinnerte sich an das Lied, das Jonas immer mit dem Wind zu seiner Erdenmama schickte. Jetzt freute sich das kleine Seelchen so sehr und hielt ganz ungeduldig nach ihrer Erdenmama Ausschau. Es dauerte auch gar nicht lange, und Pünktchen konnte sie entdecken. Die Erdenmama saß an einem Fenster und schaute in den Himmel. Direkt zu Pünktchen hinauf... „Kannst du mich sehen, liebe Erdenmama?“ rief Pünktchen und winkte ihr ganz aufgeregt zu. Oh, wie ungeduldig sie doch jetzt schon war. Sie muss mich doch sehen können, dachte Pünktchen verzweifelt. Ich muss irgendetwas tun!

Die Kleine sammelte ihre ganze Kraft und rief dem Wind zu: „Wind, ich bitte dich, bringe meiner Mama die Grüße. Es geht mir gut, sagst du ihr das?“ Der Wind machte sich sofort auf die Reise, aber nichts geschah. Die Erdenmama saß weiter still am Fenster. Pünktchen war sehr verzweifelt. Was konnte sie noch tun?

Da kam ihr ein Gedanke und sie rief: „Ihr lieben Sterne. Ich bitte euch, funkelt heute besonders hell und bringt meiner Mama die Nachricht von mir.“ Die Sterne hörten das und begannen sofort, so schön und so hell zu funkeln, aber nichts weiter geschah. Nur eine kleine Träne stand in den Augen der Erdenmama. Pünktchen wurde immer trauriger. Sie überlegte. Es muss doch einen Weg geben!

Die Zeit verging und der neue Tag brach ein. Da kam dem kleinen Pünktchen wieder eine Idee. Sie rief zur Sonne: „Liebe Sonne, ich bitte dich so sehr. Sende deinen schönsten Strahl zu meiner Mama und küsse sie von mir direkt auf ihre Nasenspitze.“ Die Sonne lies sich nicht lang bitten und schien so schön es nur irgend ging. Ungeduldig schaute Pünktchen nach unten zur Erde. Sie entdeckte ihre Mama und schaute ihr zu. Wird sie mich jetzt verstehen können, fragte sich Pünktchen. Sie wünschte es sich ja so sehr. Und sie wartete. Plötzlich schaute die Erdenmama direkt in den Himmel. Sie kniff ihre Augen zusammen und lächelte der Sonne entgegen. Pünktchen war ganz außer sich vor Freude und fragte sich: Ob sie mich wohl jetzt erkannt hat? „Hallo, hier bin ich, es geht mir gut.“ rief die Kleine, so laut sie nur konnte. Aber nichts weiter geschah. Jetzt wurde Pünktchen so richtig traurig. Was kann ich nun noch tun? fragte sie sich verzweifelt. Und da kam ihr noch eine Idee...

Sie rief nach den Wolken und betete mit ihrer letzten Kraft: „Ich bitte euch, ihr lieben Wolken. Lasst die schönsten Regentropfen auf die Erde herab fallen und bringt meiner Mama die Nachricht.“ Sofort begann es zu regnen. Erst waren es kleine, zarte Tröpfchen und dann wurden sie immer größer und immer stärker. Und es wollte so gar nicht mehr aufhören zu regnen. Und Pünktchen suchte wieder ihre Mama. Die Erdenmama hielt plötzlich inne und streckte ihre Hände aus. Sie fing die Regentropfen auf und begann sich ganz langsam im Kreis zu drehen. Sie sah sehr glücklich aus und doch standen in ihren Augen wieder Tränen. „Oh, liebe Mama, bitte weine nicht. Es geht mir gut, ich werde dich nie vergessen!“ flüsterte das kleine Pünktchen. „Und ich werde auch immer irgendwie ganz fest bei dir sein und dir Regentropfen schicken und Sonnenstrahlen, die dich wärmen und Sterne und im Winter Schneeflocken, damit du dich freuen kannst!“ Pünktchen sammelte all ihre Kräfte – sie war ja schon so erschöpft – und schickte einen lieben Kuss ganz leise auf die Erde. Da sah sie direkt in die Augen der Erdenmama und konnte die Sehnsucht tief in sich spüren. Die Erdenmama war schon ganz nass vom vielen Regen. Trotzdem aber blieb sie immer noch stehen und schaute in den Himmel.

Ganz leise fing die Mama an, das schönste Wiegenlied zu singen. Pünktchen hatte so ein schönes Lied noch nie gehört. Solch schöne Klänge. Oder doch? Plötzlich kam ihr die Erinnerung. Dieses Lied hatte das kleine Seelchen schon so oft gehört. Damals, als sie noch auf der Erde war. Sie hatte es nur irgendwie vergessen. An jedes Wort konnte sie sich langsam wieder erinnern. Oh, wie gut das tat, wie unendlich schön das war. Pünktchen hatte es geschafft und sie war nun sehr glücklich. Sie wusste nun, dass ihre Erdenmama sie niemals vergisst und hatte ihr Wiegenlied wieder gefunden. Welch ein schöner Tag für das kleine Kinderseelchen. Jetzt musste sie nur noch lernen, dieses Lied mit dem Wind zu schicken. Direkt an das Ohr ihrer Erdenmama. Wenn sie traurig ist, wird sie das trösten. Und Pünktchen wusste nun auch, wenn ihre Mama dieses Lied singt, dann denkt sie an ihr kleines, tapferes Pünktchen. Oh, welch ein Glück. Das musste sie sofort Jonas erzählen. Der Junge blinzelte noch ganz verschlafen: „Ich weiß,“ sagte er und umarmte sein kleines Pünktchen liebevoll. „Jetzt wird es aber Zeit, wir müssen gehen...“

Über den heilsamen Umgang mit Trauernden

„Gesegnet seien alle, die mir jetzt nicht ausweichen. Dankbar bin ich für jeden, der mir einmal zulächelt und mir seine Hand reicht, wenn ich mich verlassen fühle..."

Marie-Luise Wölfing

Wenn Sie mit trauernden Eltern in Kontakt treten, werden Sie vielleicht spüren, wie hilflos und unsicher Sie doch in manchen Momenten sind. Das ist weder unnormal, noch ein Grund für Scham. Im Gegenteil! Sprechen Menschen offen aus, was sie empfinden und was ihnen vielleicht auch Angst macht, sind sie doch sehr viel mutiger als andere, die sich einfach zurückziehen. Der Tod eines Kindes berührt jeden! Und mit Sicherheit ist es für niemanden leicht, trauernden Familien offen gegenüber zu treten. Es gibt keine Patentrezepte für einen heilsamen Umgang mit einem trauernden Vater oder einer trauernden Mutter. Zudem sind Gefühle und Gedanken und auch die Art und Weise, wie Eltern trauern, so individuell wie der Mensch an sich. Was kann man also als Außenstehender tun? Wie sollte man sich trauernden Eltern gegenüber verhalten? Und welche Dinge gilt es dabei zu berücksichtigen?

Wie Sie trauernde Eltern unterstützen können

Ein koreanisches Sprichwort sagt, dass mit dem Tod eines Kindes auch ein ganz großes Stück Zukunft der Eltern stirbt. Das ist wahr. Denn Kinder bedeuten Leben. Sie führen als jüngste Generation eine ganze Familie in die Zukunft. Sinnbildlich könnte man sich die Familie wie eine Treppe vorstellen. Immer wieder rücken neue Generationen stufenweise von unten nach. Eine Treppe gewinnt so mit jedem neuen Leben an Stabilität. Sterben beispielsweise die Großeltern der Familie, dann hat die Treppe folglich oben zwar eine Stufe weniger, aber sie bleibt dennoch stabil. Verliert die Treppe aber mit dem Tod eines Kindes eine untere Stufe, dann gerät sie ins Schwanken. Die Familie verliert an Sicherheit. Der Tod eines Kindes reißt ein tiefes, unüberwindbares Loch. Erfahren Eltern vom heraneilenden oder bereits eingetroffenen Tod ihres Kindes, dann geraten diese Menschen mit Sicherheit in ein Chaos ihrer Gedanken und Gefühle. Erwarten Sie als Außenstehender also bitte niemals voraussehbare Reaktionen oder Entscheidungen nach Ihren eigenen Vorstellungen. Auch wenn Sie zu den Eltern schon lange Zeit zuvor ein inniges Verhältnis hatten und damit glauben, diese Menschen zu kennen: Der Tod eines Kindes verändert alles! Oftmals sind Eltern in diesem Zustand weder seelisch noch körperlich in der Lage, ihre Bedürfnisse und Wünsche zu überdenken, geschweige denn, sie offen zu äußern. Das rationale Denken wird verständlicherweise meist durch tiefe Emotionen unterdrückt. Keine Frage also, dass es hier uneingeschränkter **Unterstützung** durch mitfühlende Menschen wie Sie bedarf. In der Regel bleibt den Eltern zu wenig Zeit, um nötige Entscheidungen treffen zu können. Hier könnte Ihre Anwesenheit den Trauernden gut tun, wenn Sie bereit sind, einfach zuzuhören. *(In meinem Kopf hämmerte nur eine Frage: Wie sollte ich es je schaffen, mein totes Kind anzuschauen und es zu berühren. Ich spürte instinktiv, ich musste es sehen. Es war meine einzige Chance zu begreifen. Ich sprach es aus, immer und immer wieder. Sie hörte mir einfach nur zu. Und plötzlich wusste ich es.)*

Fragen Sie ruhig offen danach, ob es etwas gibt, was Sie für die Eltern erledigen können. So geben Sie diesen Menschen auch die Möglichkeit, laut über ihre Wünsche nachzudenken. Bedrängen Sie die Eltern nicht, aber versuchen Sie in jedem Fall deutlich zu machen, dass Sie jederzeit da sind. Und seien Sie bitte auch da, wenn man Sie braucht! Respektieren Sie auch den eventuellen Wunsch der Eltern, einige Zeit nur für sich zu sein. Das sind oft sehr wichtige Momente, um sich als Mutter oder Vater über das Geschehene klar zu werden. Manchmal fällt es den Eltern dann aber doch sehr schwer, um Ihre Hilfe zu bitten. Sagen Sie deshalb nachdrücklich, wie Sie erreichbar sind. Sie dürfen auch wichtige

Informationen einholen, um die Eltern mit Ihrem Wissen zu unterstützen. Das kann beispielsweise in der Frage nach den Bestattungsmöglichkeiten hilfreich sein. Der Tod eines Kindes ist für die Eltern mit mühsamen, kraftraubenden und vor allem seelisch belastenden Amtsgängen verbunden. Hier ist man Ihnen bestimmt für **Rat und Hilfe** dankbar. Achten Sie jedoch bitte unbedingt darauf, nichts über den Kopf der Eltern hinweg zu entscheiden. Selbst aus dem guten Willen heraus und in der festen Annahme, einiges zu erleichtern. Es kann sehr schmerzhaft sein, wenn man sich als Mutter oder Vater in dieser dunklen Zeit auch noch entmündigt fühlt. *(Ohne mich zu fragen, räumten sie all die Sachen von unserem Baby weg. Sogar die Wiege. So als wäre nichts geschehen. Das machte mich sprachlos und ich fühlte mich nur schlecht dabei, dieses leere Zimmer ansehen zu müssen.)* Außerdem sollten Sie wissen, dass von Ihnen als Außenstehender keine Wunder erwartet werden. Das Große liegt oft in den kleinen Dingen! Es ist eine Wohltat, wenn Sie als Ansprechpartner und geduldiger Zuhörer verfügbar sind. Sprechen Sie Ihr tiefes **Mitgefühl** offen aus. Sie dürfen ruhig zugeben, dass auch Ihnen die passenden Worte fehlen. Die Betroffenen werden das mit Sicherheit verstehen. Ein stilles Beisammensein und eine sanfte Umarmung empfinden Trauernde oft viel wohltuender als tausend Worte.

Üben Sie sich vor allen Dingen in **Geduld** in allem, was Sie sagen und tun! Die Welt der Eltern ist mit dem Tode ihres Kindes zusammengebrochen und das können auch Sie nicht ungeschehen machen. Vergessen Sie bitte nicht, dass die trauernden Eltern durch den schlimmen Verlust um ein Vielfaches verletzbarer geworden sind. Unüberlegte, schmerzende Aussagen können hier also tiefe Wunden reißen. Sie sollten auch wissen, dass in der tiefen Trauer um ein Kind wirklich jedes Gefühl möglich sein kann. Die Eltern können wütend, traurig, fassungslos, ängstlich, unsicher, aber durchaus auch erleichtert oder manchmal sogar fröhlich sein. Verurteilen Sie das bitte nicht. Ebenso unterschiedlich können auch die Wege der Trauer ausfallen. Manche Eltern mögen Trost und Zuversicht in ihrem Glauben finden. Oder aber sie lehnen kirchlichen Beistand plötzlich rigoros ab, weil sie vielleicht den Tod ihres Kindes als Strafe Gottes sehen. Einige Trauernde finden Halt und Kraft in Ritualen oder sie beschäftigen sich intensiv mit dem Leben nach dem Tod. Manche Menschen suchen auch neue Aufgaben und Herausforderungen im Beruf. Andere wiederum verändern vielleicht irgendwann ihr komplettes Privatleben. Möglich, dass Ihnen als Außenstehender all das etwas sonderbar vorkommen mag. Die Zeit der Trauer ist eben auch eine Zeit des Wandelns. Heilsam ist alles, was trauernde Eltern tief im Inneren als wohltuend empfinden! Was sie weiterbringt und ihnen hilft, sich in die neue Situation einzufinden. Vergessen Sie als Außenstehender bitte niemals, dass Eltern ein Leben lang Eltern bleiben, auch wenn ihr Kind gestorben ist! Geben Sie den Menschen die Chance, mit Ihnen immer offen über alles sprechen zu können und nennen auch Sie das Kind ruhig beim Namen. *(Der Klang deines Namens ist für mich die schönste Musik in meinen Ohren, geliebtes Kind.)* Die Eltern werden ihr Kind so oder so niemals vergessen. Den meisten Trauernden ist es lieber, wenn sie behutsam angesprochen werden. Das ist immer besser, als spüren zu müssen, wie heimlich getuschelt wird. Sicherlich wollen die Eltern nicht immer über ihr Sternenkind sprechen. Aber es ist wichtig, ihnen zu signalisieren, dass sie es jederzeit können. Das Vergessen und Schweigen der Umwelt lässt das Kind für die Eltern gedanklich und gefühlsmäßig oft noch einmal sterben. Es wird Ihnen als Außenstehender niemals gelingen, den Eltern etwas von ihrem Schmerz abzunehmen. Aber es liegt in Ihrer Macht, mit wohlgewählten Worten und überdachten Taten diesen Menschen unnötigen, zusätzlichen Kummer zu ersparen und ihnen hilfreich zur Seite zu stehen.

Was trauernden Eltern zusätzlichen Schmerz zufügen kann

Es wäre sinnlos, **Tatsachen bewusst verschweigen** zu wollen. Trauernde Menschen haben ein sehr sensibles Gespür und merken recht schnell, wenn ihnen Informationen vorenthalten werden. Ebenso nutzlos ist es, etwas **Positives an der Situation finden** zu wollen. *(Sei froh, dass es jetzt schon passiert ist.)* Es gibt absolut nichts Gutes am Tod eines Kindes! **Schneller Trost** ist hier nicht gefragt und er ist ganz bestimmt nicht hilfreich. Vermeiden Sie bitte auch unnötige **Floskeln**. Entziehen Sie sich nicht der Situation und den Betroffenen, die sie vielleicht gerade jetzt so dringend brauchen. Diese Zeit ist für trauernde Eltern schon mehr als schwierig. Ein **Rückzug** vertrauter Menschen bedeutet für die Eltern zusätzlicher Schmerz. Versuchen Sie bitte niemals, die Trauer der Eltern in einen zeitlichen Rahmen zu begrenzen. *(So langsam müsste sich euer Leben doch wieder normalisieren.)* Trauernde Eltern tragen schon eine enorme Last an Selbstzweifel, Kummer, Sorgen, Schuldgefühle und Ängste mit sich. **Zeitlicher Druck** von außen würde diese Last nur verstärken. Schreiben Sie den Eltern nicht vor, was sie zu tun oder zu lassen haben. Auch nicht aus gutem Willen heraus. Suchen Sie lieber das offene Gespräch mit diesen Menschen und signalisieren Sie Ihre ehrliche Sorge, die Sie in sich tragen.

Warum manche Aussagen mehr schmerzen als trösten

Manche Menschen werden versuchen, ihre eigene Hilflosigkeit mit Floskeln zu überspielen. Oft sagen sie dann vielleicht wohlgemeinte, aber dennoch unüberlegte Worte, die Trauernde noch mehr verletzen. Einige Menschen glauben auch tatsächlich, dass schneller Trost wirklich trösten kann. Dem ist leider nicht so. Selten stecken böse Absichten hinter einer Floskel. Doch der Schmerz darüber steckt oft tief und vermittelt trauernden Eltern das Gefühl, von den Außenstehenden weder verstanden noch ernst genommen zu sein. Hier einige Beispiele von immer wieder auftretenden, sehr verletzenden Aussagen, die von jedem leicht zu vermeiden sind:

- **Ihr seid ja noch so jung.** Das hat absolut nichts zu tun mit dem Verlust eines Kindes. Hier steckt eigentlich die Botschaft dahinter, dass die Mutter nicht so traurig sein soll. Sie kann ja noch andere Kinder bekommen. Nur trauernde Eltern wissen wirklich, wie dumm dieser Satz eigentlich ist. Denn auch wenn diese Familie noch zehn weitere Kinder bekommen sollte, so fehlt doch dieses eine.

- **Gut, dass es jetzt schon passiert ist, so bleibt Euch einiges erspart. Er/Sie wäre ja sowieso behindert gewesen.** Auch dieser Satz verletzt trauernde Eltern tief. Was sonst sollte diesen Menschen noch erspart bleiben können? Ihr Kind ist tot! Unabänderbar. Das Schlimmste und Grausamste ist bereits eingetroffen. Menschen, die so etwas sagen, meinen doch tatsächlich die Eltern trösten zu müssen, mit dem „Glück“, dass ihnen ein vielleicht schwerst behindertes Kind erspart bleibt. In den Momenten des Abschiedes würden die meisten Eltern mit Sicherheit alles tun, nur damit ihr Kind leben könnte. Doch das verstehen leider nur die wenigsten.
- **Probiert Ihr es halt noch einmal.** Ein Satz, der für mich persönlich der Gipfel von Frechheit, Verständnislosigkeit und Gefühlskälte ist.
- **So langsam müsste sich euer Leben doch normalisieren.** Niemandem steht es zu, von außen so zu urteilen. Für die Eltern eines toten Kindes gibt es nicht mehr diese gewohnte Normalität. Ihre Welt ist eine vollkommen neue und sie müssen von Grund auf lernen, bewusst mit dem Verlust ihres Kindes weiter zu leben. Nichts ist mehr so, wie es war und nichts wird jemals wieder so sein wie ursprünglich.
- **Es ist besser so.** Es ist besser als was? Nichts kann gut am Tode des eigenen Kindes sein. Wie sollen Mutter und Vater je daran etwas Positives finden können?
- **Zum Glück habt Ihr ja noch ein anderes Kind.** Es stimmt, ein gesundes Kind ist ein Segen. Aber kein Kind kann und soll das andere ersetzen. Auch wenn es Eltern in der Trauer gut tun kann, sich um das lebende Kind / die lebenden Kinder zu kümmern, so werden der Schmerz und die Sehnsucht nach dem Verstorbenen dadurch doch nicht kleiner.

Wenn ein Kind im Kreißsaal stirbt

☆ Begegnung mit Michelle – Kennen lernen und Abschied nehmen

Notfalltelefon.
Kreißsaaleinsatz.
Keine Zeit zum Nachdenken und Fühlen.
Handeln ist jetzt gefragt!

Viel zu früh begibst du dich auf deine Reise in diese Welt.
Eigentlich noch nicht bereit dazu...
Aber: Willkommen!

Unruhe. Zweifel.
Hoffnung.
Wie geht es dir?
Wird es dir gelingen?
Keine Zeit zum Fühlen – muss jetzt funktionieren!

Eilige Schritte kündigen dich an.
Mein Herz schlägt so laut – hört das niemand?

Du wirst uns übergeben... rasch... du atmest nicht...
Du bist so klein – viel kleiner als ich dachte. Als ich hoffte?
Die erste Berührung.
Meine Hände zittern – sieht das niemand?

Versuche sanft, dir Wärme zu spenden.
Ein wenig Geborgenheit... rasch... keine Zeit zu verlieren.
Atme!
Unendliche Minuten medizinischer Maßnahmen.
Ich habe solche Angst – merkt denn das niemand?

Häufig geübter Ablauf:
absaugen, aufbeuteln, Sauerstoff, Blutentnahme, Tropf...

Am besten alles gleichzeitig und sofort! Gedanken schwirren...
Funktioniere!
Stimuliere deinen kleinen Körper. Spüre das Leben in dir!
Kämpfe! Wir schaffen das – ich helfe dir!
Und wieder unendlich langes Warten auf deine Entscheidung...
Sekunden der Qual...
Ich halte die Luft an... weiche Knie...

Dann endlich! Dein erster Versuch zu schreien,
klingt fast vorwurfsvoll.
Fast so, als würden wir dich stören...
Lässt mich lächeln... hoffnungsvoll.
Kurze Zeit, dich zu betrachten.
Lege dich sanft in ein warmes Tuch – du sollst ja nicht frieren!

Dein erster Versuch, die Äuglein zu öffnen.
Willst dich beschweren, wie mir scheint.
Grelles Licht strahlt dir entgegen. Ich kann dich verstehen.
Dein erster Versuch, nach mir zu greifen.
Ich lass es geschehen – welch ein Gefühl...
Ich bin bei dir! Du bist nicht allein!

Spüre den Kampf in deinem kleinen Körper.
Lebenszauber von nur kurzer Dauer...

Wieder unendliche Minuten medizinischer Maßnahmen.
Die Hoffnung auf eine Chance wird jäh zerstört.
Die Kraft entweicht...

Zeit zum Nachdenken und Fühlen.
So viele Gedanken! Unglaublicher Schmerz!
Und das Gefühl von Einsamkeit.

Liebe ist jetzt gefragt!
Nehme dich in meine Arme – zärtlich und leise...
Schaue in dein kleines Gesicht.

Liebe auf den ersten Blick!
Schönheit über alle Maße!
Kleines Wunder – immer wieder!
Und sei es auch nur für Momente...

Willkommen auf dieser Welt!

Über die Zeit vor einer stillen Geburt

Der Kreißsaal ist ein Ort des Lebens. Tag und Nacht erblicken dort Babys das Licht der Welt. Der erste Schrei des Kindes und die dankbaren Blicke glücklicher Eltern sind der größte Lohn für den unermüdlichen Einsatz vieler Hebammen und Ärzte. Werden aber Kinder in den Tod geboren, finden sich auch Helfer schnell in ihrer Fassungs- und Hilflosigkeit darüber wieder. Was können wir also tun? Wie sollen wir uns betroffenen Eltern gegenüber verhalten? Diese und ähnliche Fragen werden immer wieder von Krankenschwestern und Hebammen gestellt.

Eltern in solch einer unsagbar traurigen Situation zu begleiten, bedeutet nicht nur medizinische Abwicklung. Vielmehr heißt es, sich auf die Gefühle und Gedanken der Trauernden einzulassen und mit viel Verständnis und Geduld diesen Menschen zur Seite zu stehen.

An erster Stelle möchte ich auf das klärende **Gespräch im Vorfeld** hinweisen. Immer wieder erzählen betroffene Eltern, wie unzureichend, gefühlskalt und manchmal sogar grob sie über den Tod ihres Kindes informiert wurden. *(Der Arzt stellte das Ultraschallgerät ab und sagte nur beiläufig: Der Fetus ist tot. Ohne einen Blick zu mir rauschte er davon und ließ mich in meiner größten Not einfach allein da liegen.)* Es ist sehr wichtig, dass Eltern einfühlsam und verständlich erklärt bekommen, was mit ihrem Kind geschehen ist. Kein Mediziner führt solche Gespräche gern. Der behandelnde Arzt und auch die betreuende Hebamme bzw. Krankenschwester sollten sich mit etwas Zeit und Ruhe zu den Eltern setzen. Besprechen

Sie, ob es eine erkennbare Ursache für den Tod des Kindes gibt. Sicherlich haben die Eltern im Verlauf des Gespräches auch einige Fragen, die es offen und ehrlich zu beantworten gilt. Weiterhin sollte geklärt werden, welche medizinischen Maßnahmen nötig sind bzw. werden.

Frauen, die ihr Kind in den ersten drei Schwangerschaftsmonaten verloren haben, müssen sich in der Regel einer so genannten Ausschabung unterziehen. Mütter, deren Schwangerschaft weiter fortgeschritten war, werden ihr Kind meist auf natürlichem Weg gebären. In diesem Falle ist manchmal auch die Einleitung der Geburt mit Medikamenten nötig. Auch das sollte den Eltern möglichst gefühlvoll vermittelt werden. Für die meisten Betroffenen ist der Gedanke einer natürlichen Geburt im ersten Augenblick unerträglich. Sie haben verständlicherweise große Angst und sind mit der neuen Situation überfordert. Um so wichtiger ist es, zu erklären, was genau nun auf sie zukommen wird. Achten Sie hier bitte darauf, Erklärungsversuche zu vermeiden, die auf eine eventuelle Folgeschwangerschaft zielen. Für die Eltern zählt in diesen Momenten nur das hier, jetzt und heute. Weder der Mutter noch dem Vater wird es möglich sein, in den traurigsten Stunden ihres Lebens in die Zukunft zu blicken.

Ich möchte auch an dieser Stelle noch einmal darauf hinweisen, dass die betroffenen Eltern in diesen Momenten ihr Kind verlieren. Es spielt dabei keine Rolle, zu welchem Zeitpunkt der Schwangerschaft dies geschieht. Es ist und bleibt das Kind dieser Eltern! Und ganz gewiss tröstet es keine Mutter zu hören, dass es sicherlich besser so sei oder dass sie ja zum Glück noch jung ist und andere Kinder bekommen kann. Helfen könnte hingegen Ihre **Aufrichtigkeit**, Ihr **Feingefühl** und Ihre **ehrliche Anteilnahme**.

Kein Arzt, keine Krankenschwester und auch keine Hebamme darf damit überfordert sein, besonders jetzt die **Wortwahl** gegenüber den Eltern zu überdenken. Hier nun ein Beispiel dafür, wie schnell man mit unüberlegten Worten verletzen kann und wie leicht es doch ist, so etwas zu vermeiden. Die folgende Aussage tut Eltern nur weh: *Der Fetus ist bereits abgestorben, da ist nichts mehr. Wir leiten jetzt die Geburt ein.* Problemlos könnte man das auch so formulieren und damit zusätzlichen Schmerz vermeiden: *Es tut mir sehr leid, aber ich muss Ihnen sagen, dass Ihr Kind gestorben ist. Ich möchte mit Ihnen nun alles weitere besprechen und nehme mir auch gern ein wenig Zeit, Ihre Fragen zu beantworten.* Ich weiß, dass medizinische Fakten mit den Eltern besprochen werden müssen. Aber am wichtigsten ist doch, wie dies geschieht.

Eine befreundete Hebamme fragte mich einmal, woraus sie die Kraft für solche Momente schöpfen soll. Sie könne es nicht aushalten, wenn die Eltern so leiden. Meine Antwort darauf war eine Gegenfrage: Stell dir vor, du befindest dich in einer ähnlichen Situation wie diese Menschen. Niemand hört dir zu, niemand nimmt sich Zeit für dich und du bist ganz allein. Du weißt nicht, was eigentlich geschehen ist und du hast keine Ahnung davon, was noch kommen wird. Was würde dann wohl in dir vorgehen? Du kannst in solchen Momenten als Hebamme nichts mehr für das Leben des Kindes tun. Aber du kannst für die Würde dieses Kindes Sorge tragen und dafür, dass die Eltern verstehen und annehmen lernen, was geschehen ist. Die Kraft für deine Arbeit kommt, wie sonst auch, von dir allein. Und glaube nicht, die Eltern würden weniger leiden, weil du es von außen nicht sehen kannst. Die meisten Tränen fließen nach innen. Wenn ich nach meiner Kraft suche, um trauernde Eltern zu begleiten, dann habe ich vor meinem inneren Auge das sichtbare Leid und den Schmerz dieser Menschen. Und auch das Bewusstsein darüber, dass der Vater und die Mutter in diesen Stunden doch so viel mehr auszuhalten haben.

Bitte schätzen Sie als Arzt oder Hebamme ab, ob den Eltern aus medizinischer Sicht etwas **Zeit** eingeräumt werden kann. Besteht keine akute Gefahr für die Mutter, dann besteht auch kein Grund zu übertriebener Eile. Mit hektischem Arbeiten werden Sie den Eltern nichts erleichtern! Vielleicht ist es Ihrem Team ja möglich, ein **separates Zimmer** frei zu räumen, wo die Eltern ungestört und geschützt vor fremden Menschen – und in diesem Fall sicherlich belastenden Babyschreien anderer Neugeborener – sein können. In manchen Kliniken ist es schon üblich, solch ein Zimmer mit einem kleinen Kärtchen an der Tür zu versehen. So kann jeder von außen leicht erkennen, dass die Menschen in diesem Raum möglichst selten gestört werden sollen. Eine sehr wirksame und vor allem hilfreiche Geste. Natürlich ist es immer wichtig, dass Sie als Arzt, Krankenschwester oder Hebamme stets für die Eltern erreichbar sind. Ungestört heißt nicht abgeschoben!

Heutzutage sind auch alleinstehende Mütter keine Seltenheit mehr. Bieten Sie bitte besonders diesen Frauen an, von einer **Person ihres Vertrauens** begleitet zu werden. Vielleicht gibt es eine beste Freundin, die bereit ist, der Mutter in diesen schweren Stunden beizustehen. Weisen Sie bitte auch schon vor der stillen Geburt auf die Möglichkeit des bewussten Abschiednehmens hin. Fragen Sie diesbezüglich ruhig nach Wünschen, Sorgen und Ängsten. Viele Missverständnisse können somit schnell und unkompliziert aus dem Weg geräumt werden. Vielleicht wünschen die Eltern Unterstützung durch einen Seelsorger oder sie möchten gern kraftspendende Rituale vollziehen. Eventuell sollen auch andere Familienmitglieder das Kind nach seiner Geburt kennen lernen. Hier gibt es dann einiges, was Sie als Begleiter vorbereiten können. Alles, was Sie in dieser Zeit mit dem Herzen tun, wird für die Betroffenen hilfreich sein.

Unterstützung während und nach der Geburt

Mütter, die sich einer Ausschabung unterziehen müssen, werden in der Regel unter Vollnarkose operiert. Das bedeutet, dass diese Frauen nach dem Eingriff noch einige Zeit schlafen werden. Das Aufwachen ist meist mit großen Schmerzen und Tränen verbunden. Hier ist es in jedem Fall hilfreich, wenn eine **vertraute Person in der Nähe** der Frau bleiben kann. Bieten Sie als Mediziner bitte bei Bedarf schmerzlindernde Mittel an und nehmen Sie sich **Zeit** und Ruhe für **offene Gespräche**. Die meisten Mütter wollen unbedingt wissen, ob ihr verstorbenes Kind ein Junge oder

Mädchen ist. Die wenigsten Frauen haben jedoch in dieser traurigen Zeit Mut und Kraft, Sie als Mediziner um eine Untersuchung diesbezüglich zu bitten. Viele Eltern quälen sich auch mit der Frage, was mit ihrem Kind nach der Ausschabung geschieht. Mit Ihrem **Feingefühl** und **Gespür** können Sie hier einiges bewirken.

Manchmal muss ich leise weinen
oder einfach wütend sein.
Manchmal macht die Angst mich sprachlos,
hilflos, machtlos und so klein.

Kann mich dann noch kaum bewegen,
fühl mich elend und kaputt.
Kann nicht essen, auch nicht schlafen.
Einsam, frierend, ohne Mut.

Warum ist uns das geschehen?
Wo führt dieser Weg uns hin?
Wie viel können wir ertragen?
Wo liegt hier der Sinn?

Dann ist deine Hand auf meiner,
echt das beste was es gibt!
Augenblick der Ruhe und Stille
durch den Menschen,
der mich liebt.

Gibt die Möglichkeit zu sagen:
Ich weiß nicht weiter,
kann nicht mehr.
Ohnmacht lähmt mich, kann kaum atmen.
Alles fällt unendlich schwer.

Doch ein Blick in deine Augen
sagt mir du wirst bei mir sein!
Angst mit Glauben zu besiegen...
Niemals bin ich je allein!

Eileen Kappeler

Entbindet eine Mutter ihr verstorbenes Kind auf natürlichem Wege, dann lassen Sie diese Frau bitte nicht allein. Die Wehen werden oft sehr viel schmerzhafter als normalerweise empfunden. Die Angst ist in diesen Momenten enorm und bringt die Geburt oft ins Stocken. Bieten Sie auch hier großzügig **Schmerzlinderung** an und zeigen Sie vor allem **Verständnis**. Allzu oft wird in den Kliniken scheinbar vergessen, wie kraftzehrend und anstrengend eine Geburt doch ist. Auch diese Mütter haben **Lob und Ansporn** durch die betreuende Hebamme verdient. Berücksichtigen Sie bitte auch besondere Wünsche der Mutter – wie zum Beispiel Akupunktur, sanfte Musik, beruhigende Öle oder Düfte. Hier könnte Ihr **Nachfragen** sehr hilfreich sein. Natürlich ist die Angst vor einer vaginalen Entbindung sehr groß. Verständlicherweise wünscht sich die Mehrzahl der betroffenen Frauen erst einmal einen Kaiserschnitt. Der Gedanke, eine Geburt kräftemäßig nicht zu überstehen oder durch das tote Kind im Bauch vergiftet zu werden, ist nachvollziehbar. Ermutigen Sie bitte die Frau, ihre Kräfte zu sammeln und räumen Sie Missverständnisse aus dem Weg. Die meisten Mütter sind später sehr dankbar für die Möglichkeit einer natürlichen Geburt. Auch die Geburtsschmerzen werden im Nachhinein meist als hilfreich beschrieben. Sie geben der Frau die Chance, etwas von ihrer Verzweiflung herauszuschreien. Die meisten Frauen bestätigen auch, dass der Schock, das Kind nach der Geburt gleich zu sehen, nicht so groß und überwältigend wie in ihrer Vorstellung war. Die einzigen gemeinsamen Momente mit dem Kind werden nicht durch Narkosenachwirkungen unterbunden. Die Vorteile einer natürlichen Geburt liegen hier für mich klar auf der Hand, vorausgesetzt die Eltern werden wirklich intensiv begleitet.

Bitte halten Sie sich stets vor Augen, wie wichtig ein bewusst durchlebter Abschied vom Kind für die Eltern ist. Ermutigen Sie die Betroffenen dazu, aber zwingen Sie die Eltern bitte nicht! Für den Vater und die Mutter ist gerade hier Ihre **uneingeschränkte, einfühlsame Unterstützung** vonnöten. Die Eltern fühlen sich hilflos und wissen oft nicht, wie sie sich ihrem toten Kind nähern können. Die ersten **erklärenden Worte** von der Hebamme, wenn sie liebevoll das Aussehen des Kindes beschreibt, können für die Mutter und den Vater sehr hilfreich sein. Der Wunsch, dass Kind anzuschauen und zu berühren, ist bei den meisten Eltern instinktiv da. Doch die Angst davor ist verständlicherweise groß. *(Die Geburt hatte mich so angestrengt, die Schmerzen waren unerträglich. Ich wollte und konnte dieses tote Kind jetzt nicht anschauen und verschloss deshalb meine Augen. Vielleicht war ja alles gar nicht wahr und es würde doch noch schreien. Doch nichts geschah. Nur die sanfte Stimme der Hebamme erreichte meine Ohren. Wie sie da sprach von meinem Kind mit den wunderschönen dunklen Haaren. Und wie sie sagte, es fühle sich warm und weich an. Da wurde ganz langsam der tiefe Wunsch in mir wach, mein Baby mit all meinen Sinnen in mich aufzusaugen.)* Manchmal brauchen die Eltern auch einige Zeit, um den Mut und die Kraft zu finden, ihr Baby anzuschauen. In diesem Fall könnte die Hebamme das Kind nach dem ersten Versorgen etwas abseits von den Eltern hinlegen.

Verwehren Sie als Mediziner bitte niemals unbegründet den Wunsch, das Kind betrachten zu wollen. Kein Arzt, keine Hebamme kann das Kind mit den Augen liebender Eltern sehen. Sprechen jedoch eindeutig medizinische Tatsachen – wie zum Beispiel eine enorme Verletzung des Babys durch die Ausschabung – dagegen, dann erklären Sie dies bitte verständlich und einfühlsam. Der Spruch, dass es hier eh nichts mehr zu sehen gibt und dass sich niemand diesen Anblick freiwillig antun soll, ist hier mehr als unpassend! Benutzen Sie bitte für das Versorgen besonders kleiner Sternenkinder weiche Tücher oder Puppensachen. Sie könnten das Kind dann liebvoll in ein Körbchen betten. Bitte verwenden Sie dafür niemals kalte Nierenschalen. *(Es war der reinste Horror. Die Hebamme ließ mich ganz allein mit meinen Schmerzen. Irgendwann hörte ich das Kind wie einen Klumpen dumpf in eine Schüssel fallen. Dieses Geräusch werde ich nie vergessen. In diesem Moment wollte ich nur noch sterben. Die Hebamme kam irgendwann später rein und tat alles – lieblos und sichtbar genervt – in eine Nierenschale. Dann öffnete sie die Tür und rief nach dem Doktor. Jetzt sei endlich alles vorbei. Ich konnte es nicht glauben, was da gerade geschah. Das war der Moment, wo mein Herz zu Eis gefror.)*

Ich möchte an dieser Stelle noch einmal alle Hebammen, Krankenschwestern und Ärzte ansprechen: Das eben angeführte Zitat ist nicht etwa zwanzig Jahre alt. Entgegen aller Aufklärung und fernab jeden Fortschritts kommt so etwas immer noch in deutschen Kliniken vor. Die belastenden Folgen sind für die Mütter enorm. Bitte helfen Sie mit Ihrem Engagement und Ihrem Mut zur Offenheit, solche schrecklichen Momente zu vermeiden! Treten auch Sie mit Tat und Wort für einen **würde- und respektvollen Umgang** ein. In der Gesellschaft etwas grundsätzlich ändern zu wollen beginnt bei jedem selbst.

Sprechen Sie mit den Eltern über ihr Kind. Geben Sie den Gefühlen und den Tränen der Eltern Raum. Nehmen Sie sich bitte Zeit, einfach nur zuzuhören oder still die Hand der Mutter zu halten. Sie können mit Ihrem Einsatz den Eltern eine wirkliche Stütze in dieser traurigen Zeit sein. Fragen Sie ruhig nach, ob das Kind schon einen Namen hat. Ist dies noch nicht der Fall, dann ermutigen Sie die Betroffenen dazu, einen Namen zu wählen. Weinen Sie still mit den Eltern, wenn Ihnen danach ist. Tränen sprechen Ihnen gewiss nichts von Ihrer Professionalität ab.

Viel zu oft und auch zu schnell bekommen Mütter stimmungsdämpfende oder auch stark beruhigende Medikamente verabreicht. Dabei hilft es den Eltern nicht, wenn sie die letzten und einzigen Stunden gemeinsam mit ihrem Kind wie durch einen Schleier hindurch erleben. Jede Träne muss geweint werden, auch wenn das für Sie als Begleiter nur schwer auszuhalten ist. Eltern, die in dieser Situation nicht weinen, beunruhigen mich viel mehr. Denn Tränen, die nicht fließen, sind viel schmerzhafter, hemmend und lähmend. Es ist deshalb immer ratsam, den Einsatz von Beruhigungsmedikamenten peinlich genau abzuschätzen! So manche Tablette könnte leicht durch ein paar einfühlsame Worte oder ein bisschen Zeit und Nähe ersetzt werden.

Ermöglichen Sie bitte den Eltern einen Hautkontakt zu ihrem Kind. So können sie neben den visuellen Eindrücken noch einige wertvolle und unvergessliche Gefühle – wenn sie ihr Kind halten, streicheln oder auch küssen – für immer in sich aufnehmen. Achten Sie in jedem Fall auf die Glaubensrichtung der Eltern, besonders wenn es um bestimmte Rituale geht. Für trauernde Eltern kann es tröstend sein, wenn sie ihr Kind nach den Regeln ihrer Religion verabschieden dürfen. Vielleicht ist es ja möglich, dass der Vater das Kind selbst waschen oder baden kann. Später können die Eltern es auch nach ihren eigenen Wünschen bekleiden. Unterstützen Sie die Eltern dabei. Sprechen Sie leise mit dem Kind, wie Sie es auch sonst tun würden. Räumen Sie den Eltern genug Zeit für all das ein. Dies sind unabänderbar die letzten gemeinsamen Momente! Es ist die Zeit dieser kleinen Familie, so traurig das auch ist! Unglaublich schwere, aber auch ganz besonders wertvolle Stunden, die nie wiederkehren werden. Manche Mutter ist vielleicht von der Geburt so erschöpft, dass sie erst Stunden später Abschied von ihrem Kind nehmen kann. Auch dann sollten der Frau ein paar **ungestörte Momente** gemeinsam mit ihrem Kind eingeräumt werden. Dasselbe gilt für die Mütter, die durch einen Kaiserschnitt entbunden werden und dadurch erst einmal in Narkose sind. Tragen Sie als Hebamme oder Krankenschwester bitte dafür Sorge, dass die Eltern möglichst viele **Erinnerungsstücke** von ihrem Sternenkind erhalten. Das können beispielsweise sein:

Ein Foto oder Ultraschallaufnahmen
Abdrücke von Hand und Fuß
Eine Haarlocke
Das Wickeltuch
Ein Kärtchen mit den genauen Daten
Das Namensbändchen
Ein korrekt ausgefüllter Mutterpass

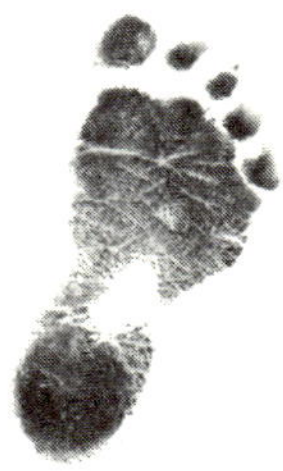

- Das Erinnerungsfoto ist später für die meisten Eltern sehr wichtig. Achten Sie deshalb bitte besonders hier auf Sorgfalt. Weisen Sie die Eltern auch darauf hin, dass es möglich ist, schnell verblassende Polaroids professionell abfotografieren zu lassen. Manch ein Vater hat übrigens eine Kamera in der Tasche, vergisst es aber vielleicht in solch einem Moment.

Wenn möglich, dann sollte auch ein Foto der ganzen Familie gemacht werden. Lehnen die Eltern aus dem Schock heraus das Fotografieren ab, dann respektieren Sie dies bitte auch. Es bietet sich natürlich an, später einige Aufnahmen vom Kind zu machen und diese in die Akte zu legen oder den Eltern in einem verschlossenen Briefumschlag direkt mitzugeben. So kommen die Familien – wann immer sie bereit dazu sind – an ein Foto ihres Kindes. Im Nachhinein hat diese Möglichkeit schon sehr vielen Eltern geholfen. Sollte eine Fotoaufnahme nicht möglich sein, dann können Sie den Eltern eine aktuelle Ultraschallaufnahme ihres Kindes überreichen. Vergessen Sie bitte nicht, den Mutterpass komplett und korrekt auszufüllen!

- Die Abdrücke der Händchen und Füßchen werden mit ganz normaler Stempelfarbe hergestellt. Bastelkarton ist eine praktische und auch preiswerte Alternative, um einen schönen Untergrund dafür zu gestalten. Fragen Sie ruhig die Eltern, ob sie Ihnen bei den Abdrücken behilflich sein möchten.

- Das Tuch, in das das Kind nach der Geburt gewickelt war, hat ganz besonders für die Mutter einen großen Wert durch seinen unvergleichlichen Geruch. Es wäre auch schön, dieses Tuch dann zu teilen. Die eine Hälfte bekommt das Kind, die andere die Eltern.

- Auf das Erinnerungskärtchen kommen der Vor- und Nachname des Sternenkindes. Auch der Geburts- und Todestag sowie die genaue Uhrzeit sollten – neben Kopfumfang, Länge und Gewicht – verzeichnet sein. Die meisten Eltern verspüren den tiefen Wunsch, wenigstens ein einziges Mal in die Augen ihres Kindes blicken zu dürfen. Vielleicht können Sie auch diesen Wunsch ermöglichen. Lassen sich Augen- und Haarfarbe des Kindes schon feststellen, dann gehören diese Details ebenfalls auf das Kärtchen. Eine Haarlocke vom Kind ist für die Eltern sehr wertvoll! Diese könnte in die Karte eingeklebt werden. Auch das Namensbändchen ist wie ein Schatz, weil es mit dem Sternenkind in Berührung war.

Geben Sie den Eltern auch unbedingt **Informationen** über zuverlässige Bestatter bzw. Bestattungsmöglichkeiten in der näheren Umgebung mit. Das Werben ist Bestattern in Deutschland zwar verboten, aber nicht die Weitergabe eigener Eindrücke und Erfahrungen von Mund zu Mund. Auch die **Adressen von Selbsthilfegruppen** oder das Aufzeigen geeigneter **Literatur** können für die Eltern von Nutzen sein. Schreiben Sie als betreuende Hebamme, Krankenschwester oder behandelnder Arzt Ihren Namen und Ihre Telefonnummer auf. Die meisten Fragen kommen erst sehr viel später und dann werden Eltern sehr dankbar für eine **Kontaktmöglichkeit** zu Ihnen sein. Sagen Sie den Betroffenen auch, dass sie gerne in ein paar Stunden oder am nächsten Tag noch einmal zu ihrem Kind kommen können. Vielleicht hat bis dahin ein Freund oder Verwandter dieser Familie einige persönliche Dinge für das Kind gebracht. So können die Eltern ihrem Sternenkind diese Sachen noch mitgeben. Ermöglichen Sie bitte auch nach dieser Zeit den Eltern ungestörte, abgeschirmte Momente zu zweit. Es ist sehr hilfreich, wenn die Mutter und der Vater gemeinsam bis zum Tag der Entlassung das separate Zimmer beziehen können. Kennen lernen und Abschied nehmen in dieser Form ist mit Sicherheit schwer und unglaublich schmerzhaft. Es ist nicht der leichteste, aber zweifellos der beste Weg!

☆ Abschiedsbrief an Pascal

Den folgenden Brief schrieb Sternenkind-Mama Ingrid. Diese Zeilen verdeutlichen, wie wichtig ein bewusster Abschied für Eltern ist.

Lieber Pascal!
Du warst unser absolutes Wunschkind! Nachdem wir vor einigen Jahren unser Haus gebaut hatten und somit auch genügend Platz für weitere Kinder hatten, haben ich und dein Papa uns ganz bewusst für noch einen kleinen Nachzügler entschieden. Deine Brüder Philipp und Daniel waren auch schon etwas größer. Und so dachte ich, nun genügend Zeit, Erfahrung und Ruhe zu haben, dich liebevoll ins Leben zu begleiten.

Und dann endlich war es soweit. Ich wurde schwanger und du begannst in mir zu wachsen. Wir hatten uns alle so sehr darüber gefreut. Diesmal, da es meine letzte Schwangerschaft sein sollte, habe ich sie ganz bewusst genossen! Ich war stolz auf meinen Bauch! Ich streichelte dich oft durch die Bauchdecke und sprach mit dir. Ich konzentrierte mich auf jede deiner Bewegungen und sagte so oft: „Na Kleiner, bist du aufgewacht?“ Dann kamen manchmal deine Brüder und legten die Hände auf meinen Bauch, um dich zu spüren. Sie versuchten sogar, dich zu hören. Auch dein Papa war ein sehr stolzer werdender Vater! Kurzum gesagt: Wir waren alle sehr glücklich und so voller Vorfreude. Ich malte mir oft aus, wie es sein würde, wenn du da bist, wenn ich mit dir reden kann und du mich anlächelst, wenn ich mich um dich sorge, mit dir glücklich bin. Tausend Gedanken gingen mir durch den Kopf und meistens erzählte ich dir davon. Doch wie konnte ich ahnen, dass du mich später nie wieder hören würdest?

Wir hatten dein Zimmer bereits eingerichtet, alles stand bereit. Ich hatte meinen Urlaub bis zum Schluss aufgehoben. Dann kam mein letzter Arbeitstag und ich freute mich darauf, die letzten Wochen mehr Ruhe zu haben, um mich noch mehr auf dich und deine Geburt vorbereiten zu können. Doch wenn das Glück am größten ist, schlägt oft das Schicksal zu. Und das Schicksal kennt keine Grenzen. Es macht nicht halt vor Schmerz und Leid. Und plötzlich, ohne irgendeine Vorwarnung, war alles vorbei.

Ich bekam plötzlich Schmerzen und der Bauch wurde hart. Ich war in der 29. Schwangerschaftswoche und merkte, dass da etwas nicht stimmte. Dein Papa brachte mich auf dem schnellsten Weg in das Krankenhaus. Mir schoss es dauernd durch den Kopf: Es ist noch viel zu früh, das können doch keine Wehen sein. Ich glaubte, du würdest als Frühchen geboren werden. Doch da du zeitgemäß gut entwickelt warst, hatte ich mir noch immer keine großen Sorgen gemacht, dass du es vielleicht nicht schaffen könntest.

Doch kaum waren wir im Krankenhaus, merkte ich schnell, dass es schlimmer war, als ich annahm. Noch schwieg der Arzt, doch bei der Ultraschalluntersuchung sah ich sofort, dass deine Herztätigkeit nicht mehr angezeigt wurde. Man sagte uns, du wärst bereits tot. Diese Worte, diesen vernichtenden Schlag, werde ich nie wieder vergessen. Von einer Sekunde zur anderen zerplatzten all unsere Träume, all unsere Hoffnungen. Es war so endgültig. Nichts und niemand konnte dir mehr helfen. Kein Kämpfen, kein Arzt, keine Gebete. In dieser Minute hätte ich so gerne mit dir getauscht. Ich stand an einem Abgrund und wusste, ich würde hinunterfallen. Wird mich jemals jemand auffangen können? Will ich überhaupt aufgefangen werden? Was kommt jetzt, ein Kaiserschnitt? Nein, man sagte mir, ich müsse dich auf normalem Wege zur Welt bringen. Ich habe Angst! Ich schaffe das nicht! Tausend Gedanken schwirrten mir wirr durch den Kopf. Ich konnte keinen klaren Gedanken fassen. Dann gab man mir ein Beruhigungsmittel, man würde bis zum nächsten Morgen warten, bis die Wehen stärker werden. In dieser Nacht habe ich nicht geschlafen.

Ich hatte Angst. Ich fühlte mich so leer, so hilflos, so ohnmächtig. Ich wollte dir das Leben schenken, nun würde ich dir den Tod schenken. Ich konnte es nicht ändern.

Dein Papa verließ das Krankenhaus. Er musste erst mal mit der Situation klarkommen. Wir waren beide an einem Punkt angekommen, wo wir wussten: Es geht über unsere Kräfte. Die nächsten Stunden waren die schlimmsten unseres Lebens. Wir wussten, wir hatten dich für immer verloren. Die Wehen wurden nicht stärker und am nächsten Morgen hing man mich an den Wehentropf. Es dauerte insgesamt elf Stunden, bis du dann geboren wurdest. Diese Stunden waren endlos. Ich ging durch die Hölle. Ich wusste, dass nichts mehr zu ändern war und doch konnte ich immer noch keinen klaren Gedanken fassen. Ich schäme mich, es zuzugeben, doch plötzlich dachte ich: Da ist ein totes Baby in mir, werde ich es jemals lieben können? Soll ich es mir überhaupt ansehen? Doch ich werde es versuchen. Wird es schlimm aussehen? Auf der anderen Seite dachte ich: Soll ich es überhaupt gebären?

Man wird mir mein Kind dann wegnehmen, wenn es da ist. Solange es in mir ist, gehört es mir.

Dann kam dein Papa zurück und entschied sich dafür, bei der Geburt dabei zu sein, mich zu unterstützen. Und ich gebe zu, ohne ihn hätte ich es nicht geschafft. Ich fasste wieder Mut, ich entschied mich dafür, dich auf jeden Fall sehen zu wollen, egal wie auch immer du aussehen würdest. Danach wurdest du geboren. Man gab dich mir in den Arm. Ich sah dich an und plötzlich waren alle meine Zweifel wie weggewischt. Du warst mein Kind von Anfang an, mein kleiner Pascal! Wie konnte ich nur je daran zweifeln, dich vielleicht nicht lieben zu können! Ich hätte kein anderes lebendes Kind mehr lieben können als dich. Du warst so klein, so unschuldig und sahst trotz allem so friedlich aus. Ich hatte dich so noch einige Stunden in meinen Armen liegen. Stunden, für die ich heute sehr dankbar bin. Ich habe dich angesehen und mir alles eingeprägt. Deine Gesichtszüge, deine kleinen Hände und Finger, deine kleinen Füßchen, die kleine Stupsnase in deinem Gesicht. Alles! Was ich leider nie sehen konnte, waren deine Augen – das Tor zur Seele. Doch deine Seele hatte mich ja bereits schon verlassen. Diese Stunden mit dir waren ein Kennen lernen, ein Lieben lernen und gleichzeitig ein Abschied nehmen für immer. Durch dich habe ich erfahren, dass Liebe weit über den Tod hinausgeht. Ich habe dich für immer verloren, doch in meinem Herzen wirst du immer bei mir sein! Nichts, kein Mensch, kein anderes Kind, das ich vielleicht noch bekommen werde, nicht Raum noch Zeit werden dir diesen Platz in meinem Herzen jemals streitig machen. Nichts auf der Welt wird dich für mich je ersetzen können, und das soll es auch nicht.

In Liebe! Deine Mama

Das sterbende Kind auf der Intensivstation

☆ Aus dem Alltag einer Intensivstation

„Weißt du was du bist?
Du bist ein Wunder. Du bist einzigartig.
In all den Jahren, die vergangen sind,
hat es nie ein Kind wie dich gegeben."

Pablo Casals

„Sie ist ein wunderschönes, kleines Mädchen!" Erstaunte Blicke. Erst zu mir, dann vorsichtig in die Richtung, wo das Bettchen seiner Tochter stand. Dann wieder unsicher zu mir. Aber kein ausgesprochenes Wort hätte mir mehr mitteilen können. „Ja, das meine ich wirklich ernst. Sie ist bezaubernd." Mutmachend lächelte ich den Vater an. Immer noch stand er an der Tür und hielt sich an der Wand fest. Fast so, als sollte sie ihn stützen. Blass sah er aus, mitgenommen und so müde. Tausende Gedanken hinter der Stirn und Sorgen. Unglaublich große Angst vor der ersten Begegnung mit seiner Tochter. Angst vor dem – was er glaubt – was ihn erwartet? Sekundenlange Stille. „Aber der Arzt sagte mir eben, dass sie behindert ist, sehr stark. Sie waren doch beim Gespräch dabei, Sie müssen es doch wissen! Der Kopf ist zu groß und zu schwer, die Ärmchen und Beine verkrümmt. Nichts ist in Ordnung, der ganze Körper ist krank. Innen wie außen! Er sagte mir auch, dass sie sicherlich bald sterben wird. Es gibt für uns keine Hoffnung. Und nun kommen Sie, und wollen mir erzählen, meine Tochter ist wunderschön?"

Er rieb sich die Augen. Traurige, erschöpfte Augen voller Zweifel, voller Kummer. Alles in ihm wehrte sich dagegen, seiner Tochter auch nur einen Schritt näher zu kommen. In der Realität, wie auch im Geiste. Die Aggression in seiner Stimme – unterschwellig und dennoch vorhanden – verriet mir etwas vom Kampf in seinem Inneren. „Sie ist nicht lebensfähig", fügte er leise hinzu. „Hat sie denn schon einen Namen?", fragte ich zurück. Wieder traf mich ein erstaunter Blick. Nur sehr zögernd antwortete er: „Meine Frau und ich nannten sie immer Laura – während der gesamten Schwangerschaft. Eigentlich... eigentlich vom ersten Tag an, als wir von ihr erfuhren." Seine Stimme zitterte. Fassungslos, orientierungslos. Verzweifelt rang er nach Beherrschung, nach Kraft. „Laura", versuchte ich einzulenken. „Dann heißt Ihre Tochter also Laura – ein sehr schöner Name." Und wieder Sekunden des Schweigens...

„Wir haben uns so auf ihre Geburt gefreut und auf das Leben mit ihr. Wir haben das Haus umgebaut. Sie hat – Laura hat ein schönes, eigenes Zimmer. Sogar einen Säuglingskurs haben wir gemacht. Und ihr Opa hat eine Wiege gebaut – eine richtig schöne. Und von ihrer Tante haben wir schon einige Kindersachen bekommen. Die Kleinen wachsen schnell da muss man nicht gleich alles neu kaufen. Das wäre Unsinn, alles neu zu kaufen. Und nun?" Und dann, fast still, wie zu sich selbst: „Wie soll ich das nur meiner Frau erklären? Wie soll das gehen? Wir sollen uns an etwas gewöhnen, was bald nicht mehr da sein wird?" Er hielt sich die Hände vor sein Gesicht. Wahrscheinlich, um seine Tränen zu verbergen. „Entschuldigung", setzte er an, „Sie haben sicherlich besseres zu tun, als sich meine Geschichten anzuhören." Vorsichtig berührte ich seine Hand. „Ich bin jetzt hier und habe Zeit für Sie und für Ihre kleine Tochter. Ich wünsche mir, dass Sie heute zu Laura gehen können und ganz nah bei ihr sind. Leider kann ich Ihnen nicht sagen, wie viel Zeit Ihnen gemeinsam mit Ihrer Tochter bleibt. Und ich kann auch nicht wissen, in wie weit es Ihnen gelingen wird, mit dieser neuen – sicherlich sehr schwierigen – Situation umzugehen. Aber ich durfte Ihre Kleine schon ein paar Tage kennen lernen. Ich habe sie gehalten, mit ihr gesprochen, sie gestreichelt und sie versorgt. Und Laura ist wirklich schön und unendlich dankbar für alle Zuwendung, die sie erhält. Trotz ihrer körperlichen Probleme ist sie sehr glücklich – ein sehr zufriedenes, kleines Mädchen. Ich möchte, dass Sie Mut schöpfen für die erste Begegnung mit Laura. Befreien Sie sich bitte von der Vorstellung, die in Ihnen wohnt.

Gehen Sie zu ihr. Sie werden sehen, ich habe Ihnen die Wahrheit gesagt. Ganz bestimmt!“

Langsam holte ich das Polaroid von Laura aus meiner Kitteltasche und schob es dem Vater vorsichtig hin. Nur zögernd schaffte er es, dies zu betrachten. „Sehen Sie nur, Laura hat wunderschöne Augen und dunkle, weiche Haare“, sagte ich sanft. Er schwieg, aber sein Blick hellte ein wenig auf. Die zitternden Finger fuhren zart über das Foto. „Die Haare hat sie von mir. Der Kopf ist wirklich sehr groß“, sagte er mit brüchiger Stimme. „Ja, der Kopf ist groß, bedingt durch ihre Krankheit. Und trotzdem ist sie so schön, Ihre Laura. Wenn Sie den Mut und die Kraft finden, dann gehen wir zu ihr. Sie können die Kleine sehen, sie berühren und sich selbst überzeugen. Und Ihrer Frau berichten.“ Er schaute mich an. „Wie nur soll ich das meiner Frau erklären? Wie soll ich ihr sagen, dass Laura – unsere Laura – auf die wir so lange gewartet haben, nicht bei uns bleiben darf? Das schaffe ich nicht! Das schaffe ich nicht!“ Seine Stimme wurde lauter. „Warum passiert uns so was? Wir haben doch so sehr auf alles geachtet. Ich hätte mir nie einen Jungen wünschen dürfen. Das ist jetzt die Strafe.“ Endlich ließ er seiner Verzweiflung freien Lauf und es sprudelte nur so aus ihm heraus. „Was haben wir falsch gemacht? Wie geht es jetzt weiter? Warum wir, warum nur?“

Die kleine Laura hatte wohl ihren Vater gehört und machte sich nun bemerkbar. Er zuckte innerlich zusammen. Spürbar. Ihr zartes Stimmchen zerriss in kurzen Augenblicken den Mantel der Verzweiflung. „Sie kann ja weinen.“ Der Vater war sehr erstaunt. „Ja, Laura kann weinen und auch wunderschön lachen, wenn sie sich wohl fühlt. Sicher, Laura hat eine Menge Probleme. Aber sie ist ein ganz besonderes und bezauberndes Kind. Gehen Sie ruhig zu ihr. Nur Mut.“ Sehr zögerlich setzte er sich in Gang. Jeder Schritt schien ihm unglaublich schwer zu fallen. Noch einmal ein unsicherer Blick zu mir, dann wagte er es, in das Bettchen zu schauen. Laura lachte – wie üblich – ihrem Besuch beherzt entgegen. Sie freute sich immer über Gesellschaft. Ganz sanft, aber wie automatisch, berührte der Vater die Wange seines kleinen

Mädchens. Zart begann er sie zu streicheln und den Anblick seiner Laura in sich aufzusaugen. Die Kleine spürte wohl, dass dies ein ganz besonderer Moment in ihrem Leben sein soll und war ganz ruhig. So verharrte er eine lange Zeit – die beiden hatten sich wohl viel zu erzählen. „Wie nur könnte ich dich nicht lieben, du bist mein Kind. Und in der Tat – du bist wunderschön!“

Leise schlich ich mich aus dem Zimmer. Hier wurde ich nun erst einmal nicht mehr gebraucht. Der Vater fiel in ein langes Zwiegespräch mit seiner Tochter und langsam füllte Liebe den Raum...“

Wie wichtig klärende Worte sind

Durch Vorsorge, Aufklärung, Forschung und Intensivmedizin konnte die Sterblichkeitsrate von Kindern in den letzten Jahren deutlich gesenkt werden. Ärzte und Schwestern kämpfen unermüdlich und sehr erfolgreich für die Chance auf Leben. Kommt ein Kind viel zu früh auf diese Welt oder erkrankt es schwer, dann beginnt eine Zeit zwischen Hoffen und Bangen. Sehr oft entstehen dann Situationen, in denen kein Mensch eindeutig sagen kann, wie ein Krankheitsverlauf enden wird, da es einfach niemand genau weiß. Hier gestaltet sich das offene Gespräch mit den besorgten Eltern noch einmal um ein Vielfaches schwieriger. Alle Möglichkeiten gedanklich durchzuspielen, ist nicht leicht. Deutliche Worte können auch schnell alle Hoffnung nehmen. Und das will natürlich niemand. Doch die Eltern haben ein Recht darauf, offen und ehrlich über alle medizinischen Details und Prognosen informiert zu werden.

Wenn ein Kind stationär versorgt wird, dann sollte prinzipiell ein intensiver Austausch zwischen den Familien und dem medizinischen Personal angestrebt werden. In manchen Kliniken wurden dafür sogenannte Elternsprechstunden eingerichtet. Dabei handelt es sich um ein wöchentliches Treffen außerhalb der Station, wo Fragen gestellt und Probleme besprochen werden können. Auf einer Kinderintensivstation ist so etwas kaum möglich. Hier bestimmt einzig und allein der Zustand der kleinen Patienten den Tagesablauf. Manchmal werden Elterngespräche durch dringende Einsätze unterbrochen oder sie können gar nicht erst statt finden. Auf den wenigsten Intensivstationen gibt es ein separates Sprechzimmer. Im meist stressigen Arbeitsalltag ist es zudem nicht leicht, stets Zeit, Ruhe und Verständnis für die Sorgen und Fragen der Eltern aufzubringen. Und doch ist gerade das so unglaublich wichtig. Eine Gruppe von zehn betroffenen Familien erklärte sich bereit, mit mir ganz offen über diese Problematik zu sprechen. Ich habe hier alle mir zugetragenen Informationen zusammengefasst.

- Der behandelnde Arzt und die betreuende Kinderkrankenschwester sollten möglichst **gemeinsam am Elterngespräch teilnehmen**. Wichtig ist auch die **namentliche Vorstellung** aller Einbezogenen. Das wird häufig in der Hektik vergessen.
- Ein länger dauerndes Gespräch sollte möglichst in einem **abgeschirmten Raum** und nicht am Bett des Kindes stattfinden. Dort können die wenigsten Eltern wirklich ganz offen sprechen. Die meisten Fragen kommen erst im Nachhinein. Deshalb war es allen Eltern wichtig, dass sie jederzeit **um ein Folgegespräch bitten** konnten.
- Sieben der zehn Elternpaare hätten sich unter dem Personal eine offiziell benannte **Vertrauensperson als direkten Ansprechpartner** bei Fragen und Sorgen gewünscht. Diese Person könnte beispielsweise eine Kinderkrankenschwester sein, die vermehrt die liebevolle Pflege des Kindes übernimmt.
- Allen Eltern tat es gut zu wissen, jederzeit auf der Station anrufen zu können oder auch rund um die Uhr ihr Kind besuchen zu dürfen. Sie waren sichtlich erleichtert, wenn ihnen diese Information zuteil wurde. Die Mehrzahl der befragten Mütter und Väter quälte besonders in den schlaflosen Nächten die große Angst, dass etwas mit ihrem Kind geschehen könnte und sie darüber nicht informiert würden. Bestätigen Sie als Arzt oder betreuende Kinderkrankenschwester deshalb immer, dass Sie die Eltern **stets über wichtige Veränderungen informieren** werden und halten Sie sich bitte auch

daran. Eine Mutter erzählte mir diesbezüglich von einem sehr einprägsamen Erlebnis: Sie war damals schon mehr als eine Woche fast rund um die Uhr in der Klinik bei ihrer schwerstkranken Tochter. Immer wenn die Mutter versuchte, für ein paar Stunden die Station zu verlassen, dann plagte sie ein ungutes Gefühl. Schnell kam sie daher wieder zurück. Sie selbst konnte kaum schlafen, aß nur sehr wenig in dieser Zeit. Die ihr mittlerweile vertraute Krankenschwester setzte sich an einem Tag zu ihr und fragte, wie es heute ginge. Die Mutter fing sofort an, von ihrer Tochter zu erzählen. Doch die Kinderkrankenschwester schaute ihr in die Augen und hakte noch einmal nach. Sie wollte wissen, wie es der Mutter geht. Über den Zustand ihres Kindes wisse sie ja bescheid. Die Frau war erst ganz irritiert darüber. Dann horchte sie kurz in sich hinein und konnte nur erwidern, dass sie es ehrlich nicht wisse. Zu groß war in den letzten Tagen die Sorge um das Kind. Das Gespräch nahm so seinen Verlauf. Einige Minuten später schon liefen der Mutter zum ersten Mal befreiende Tränen über die Wangen. Sie war froh darüber, dass man sie weinen ließ. Die beiden einigten sich dann darauf, dass die Mutter probeweise für eine Nacht heimgehen sollte, um etwas erholsamen Schlaf finden zu können. Natürlich dürfe sie auch jederzeit wieder zurück in die Klinik kommen, sollte es so nicht funktionieren. Die Schwester hängte ganz deutlich einen Zettel an das Bett des Kindes, auf dem die Telefonnummer der Eltern geschrieben stand. Das gab die Sicherheit, sie würde sofort informiert werden, sollte sich etwas am Gesundheitszustand ihrer Tochter ändern. Sie konnte wenig später beruhigt durch die Tür und nach Hause gehen und kam am nächsten Morgen um so gestärkter zurück.

- **Wichtige, absehbare Entscheidungen**, die das Leben und Sterben des Kindes betreffen, sollten möglichst immer gemeinsam mit den Eltern besprochen werden. Viele Mütter und Väter empfanden es als hilfreich, wenn auch sie nach ihren Eindrücken, Gedanken und Gefühlen gefragt wurden. Sie fühlten sich so mit einbezogen. Elterliche Ansichten sollten deshalb berücksichtigt werden.

- Die Hilflosigkeit ist für Eltern erdrückend, wenn sie sich in einer solchen Situation befinden. Deshalb ist es um so wichtiger, dass alle medizinischen Details, Veränderungen und Möglichkeiten durchgesprochen werden. Die wenigsten Familien sind mit den üblichen Arbeitsabläufen, mit den Geräten, Kabeln und Geräuschen einer Intensivstation vertraut. Alle Eltern bestätigten ausnahmslos, dass die **verständliche und einfühlsame Erklärung** hierüber wichtig für sie war. Das nahm auch die Angst davor, Fragen zu stellen. Als positiv empfanden fast alle Eltern, wenn sie immer wieder von den Ärzten oder Schwestern ermutigt wurden, **Fragen zu stellen** bzw. **Probleme anzusprechen**. Leider konnten mir nur vier Elternpaare bestätigen, dass sie sich auch bei mehrfach gestellten Fragen stets ernst genommen und immer wieder geduldig und gut aufgeklärt fühlten. Die anderen hatten das Gefühl, dass die Mediziner ihr Nachfragen eher als störend empfanden. Keines der Elternpaare wollte damit jedoch die Kompetenz des Personals in Frage stellen, sondern vielmehr sich selbst wichtige Fakten verdeutlichen.

- Die **Unterstützung durch einen Seelsorger** wurde von allen Elternpaaren als wohltuend empfunden, obwohl sich die wenigsten das im Vorfeld hätten vorstellen können. Die Hälfte der befragten Paare ist übrigens konfessionslos. Wichtig hierbei war fast allen Eltern, dass sich die Gespräche mit dem Seelsorger nicht auf die Frage nach Gott, Glauben und Kirche, sondern hauptsächlich auf die momentane Situation bezogen.

- Zwei der befragten Elternpaare hätten sich im Nachhinein das Angebot einer **psychologischen Betreuung** schon während des Aufenthaltes in der Klinik gewünscht.

- Besonders den durch einen Kaiserschnitt noch an einen Rollstuhl gebundenen Müttern war das **Gespräch im Sitzen** sehr wichtig. Sie empfanden es als positiv, wenn sich auch der Arzt und die Schwester setzten und in gleicher Höhe – nicht einfach von oben herab – mit ihr sprachen. Auch alle anderen Eltern bestätigten, dass das Sprechen im Sitzen leichter war als im Stehen. Gespräche zwischen Tür und Angel, auf dem Stationsflur oder am Bett des Kindes waren für alle Eltern sehr belastend! Das Verständnis, dass die Ärzte und Schwestern nicht immer Zeit haben für längere Gespräche, war bei allen Eltern schon nach wenigen Einblicken in den stressigen Stationsalltag wach.

- Die **Körperhaltung und -sprache** spielt eine große Rolle in der Gesprächsführung. Viele Eltern fühlten sich im Verlauf eines Gespräches unverstanden, wenn sie einem Arzt gegenübersaßen, der beispielsweise die Arme vor der Brust verschränkte oder Blickkontakt vermied. Nonverbale Kommunikation findet eben auch ihren Weg.
- Die Mehrzahl der Elternpaare hatten meist keinen Mut nachzufragen, wenn sie etwas aus medizinischer Sicht nicht verstehen konnten. Sie waren diesbezüglich für das Gespür des Arztes oder der Schwester sehr dankbar. Allen Elternpaaren war wichtig, dass die Gespräche vor allem **menschlich, verständlich und verständnisvoll** geführt wurden. Sie wünschten sich in jedem Fall das Erörtern sämtlicher medizinischer Details. Aber am wichtigsten war doch stets, das sterbenskranke Kind in liebevollen Händen zu wissen. Das Mitfühlen, Mitbangen und Mithoffen von Ärzten und Kinderkrankenschwestern wurde in keinem Fall als störend, belastend oder unprofessionell empfunden. Entgegengebrachte Gefühlskälte hingegen hinterließ bei allen Eltern den Eindruck der Unsicherheit auf Seiten des Personals. Das schürte die Sorgen der Familien meist noch zusätzlich.
- Es erscheint fast banal, erwähnen zu müssen, dass sich das medizinische Personal stets bemühen sollte, **langsam und deutlich** und **ohne Fachwörter** zu sprechen. Sechs der befragten Elternpaare haben sich durch zu schnelles, hektisches Sprechen und durch die Fachsprache nur unzureichend aufgeklärt gefühlt. Sie bestätigten, dass in ihnen diese Art der Kommunikation eher ungute Gefühle machte und keine Basis für weitere Gespräche darstellte.

- Acht der befragten Elternpaare bestätigten, dass es ihnen sehr wichtig war, ihren **Gefühlen freien Lauf lassen** zu können. Sie waren dankbar dafür, dass man sie weinen ließ. Mitgefühl und Verständnis durch das medizinische Personal waren hierbei sehr hilfreich. Ausnahmslos alle Elternpaare hätten sich wiederum für diese Momente einen ungestörten Raum auf der Kinderstation gewünscht. Ein Elternpaar berichtete hingegen, dass ihre Tränen, ihre Verzweiflung und Fassungslosigkeit über den bevorstehenden Tod ihres Kindes zur Isolation führten. Kaum jemand sprach mit ihnen. Sie hatten das Gefühl, von beinahe allen Schwestern und Ärzten gemieden, aber beobachtet zu werden. Das erschütterte sie zutiefst. Der Wunsch nach einem klärenden Gespräch war groß. Allerdings hatten sie nicht die Kraft, das Personal offen darauf anzusprechen. Der Abschied vom Kind verlief nach ihrem Empfinden ebenso kühl.
- Alle zehn Elternpaare berichteten davon, dass ihnen mindestens einmal schmerzende Aussagen oder Floskeln durch das medizinische Personal entgegen gebracht wurden. Das Vertrauen wurde so mit unüberlegten Sätzen schnell wieder zunichte gemacht.

☆ Abschied von Lars

Wenn wir Eltern wichtige Informationen verschweigen, wiegen wir sie in einer Sicherheit, die es nicht gibt. Wie schmerzhaft das sein kann, verdeutlicht der nun folgende Bericht von Diana und Günter.

Wir mussten unseren Sohn Lars bereits mit 10 Jahren operieren lassen. Die Dringlichkeit und der Druck wurden immer größer und unerträglicher, nun doch von den konservativen Methoden Abstand zu nehmen und bereit zu sein für eine Operation. Wir fühlten uns in die Enge getrieben. Warum konnte bei Lars der Behandlungsverlauf keine Verbesserung bringen, wie bei so vielen anderen Kindern doch auch? Die Entscheidung für die OP wurde von uns sehr gründlich durchdacht. Der behandelnde Orthopäde lehnte jede weitere Verantwortung für eine konservative Behandlung ab, und wir sollten Lars in einer Klinik vorstellen. Wir vereinbarten nach einer gründlichen Untersuchung einen Aufnahmetermin in die Klinik. Es gab also für Lars sehr gute Aussichten, dass er endlich ohne Korsett in absehbarer Zukunft nach der Operation leben konnte. Der große Stress begann aber schon vorher, direkt am Telefon. Etliche Gespräche mit der Klinik und der Krankenkasse mussten von uns geführt werden. Irgendwann aber hatten wir endlich die notwendigen Papiere in der Tasche und fuhren mit Lars in die Klinik. Voller Hoffnung und wirklich voller Zuversicht.

Der Empfang auf der Kinderstation war freundlich. Lars bekam sofort sein Zimmer gezeigt. Die Station wurde zu dieser Zeit umgebaut. Die Schwestern und Pfleger waren recht freundlich. Wir Eltern hatten ein Zimmer im benachbarten Wohnheim. So konnten wir uns immer abwechseln. Einer von uns blieb bei Lars, der andere fuhr mit unserem damals dreieinhalbjährigen Sohn Cedric nach Hause. Wir konnten so als Familie im Klinikalltag ein fast normales Leben führen. Außer, dass Lars eben zur OP vorbereitet wurde und deswegen im Rollstuhl saß und einen sogenannten Halo tragen musste. Das ist ein Zugsystem zur Stabilisierung der Knochen.

Die ärztliche Betreuung bei Eingriffen und Untersuchungen war sehr gründlich und bestätigte uns die Wahl der Klinik. Dagegen gab es nur sehr selten regelmäßige Arztvisiten, und wir fühlten uns oft allein gelassen mit unseren Fragen und suchten verzweifelt nach Ansprechpartnern. Nach zehn Wochen war es dann soweit. Alle Vorgespräche und Untersuchungen waren abgeschlossen bis auf das noch offene Gespräch mit dem operierenden Oberarzt. Dieser traf uns irgendwann zufällig auf dem Stationsflur und meinte fast beiläufig, dass wir doch sicherlich keine Fragen mehr zur bevorstehenden OP hätten, oder? Ich antwortete: „Doch, natürlich! Tausende!“ (Gibt es wirklich Eltern, die keine Fragen mehr vor einer großen Operation haben?) Erstaunen auf der anderen Seite. Doch nun wurde uns endlich am Abend darauf ein Gespräch mit dem Assistenzarzt ermöglicht.

Lars wurde also zum ersten Mal operiert. Leider musste die OP nach fünf Stunden abgebrochen werden. Lars wurde routinemäßig für drei Tage auf die Intensivstation verlegt. Dort durften wir ihn so oft wir es wünschten besuchen. Jedes Mal, wenn wir die Station betraten, war sofort immer die betreuende Schwester da und beantwortete unsere Fragen. Mein Mann und ich hatten von Anfang an vollstes Vertrauen und konnten somit in dieser Zeit immer abends gemeinsam nach Hause fahren. Die Schwestern sicherten uns zu, dass wir jederzeit – bei Tag und Nacht – anrufen könnten, um uns nach Lars zu erkundigen. Eine sehr große Beruhigung für uns. Nach der Rückverlegung auf die Kinderstation fand zunächst kein aufklärendes Gespräch mit einem Arzt statt, der uns Auskunft über den Verlauf der ersten OP geben sollte. Es war einfach kein Arzt greifbar. Erst nach ein paar Tagen, wieder zufällig, trafen wir den operierenden Oberarzt auf dem Flur. Er erinnerte sich an das noch offene Gespräch und begann an Ort und Stelle und im Stehen zu berichten. (Ist es etwa unsere Aufgabe als Eltern, um einen ruhigen Ort mit Sitzmöglichkeit zu bitten, wenn uns so wichtige Informationen gegeben werden?) Lars erholte sich prächtig und schnell. Er war putzmunter und gut gelaunt wie eh und je. Und er steppte uns allen wieder zu seiner so sehr geliebten Michael Flatley Musik einige Solos vor. Mein Mann und ich bekamen Uneinigkeiten und Unstimmigkeiten unter den Ärzten mit, wann denn Lars nun ein zweites Mal operiert werden sollte. Das schürte natürlich große Unsicherheit bei uns. Weitere drei lange Wochen verstrichen, dann endlich die zweite OP. Wieder routinemäßige Vorbesprechungen mit den Ärzten und der Anästhesistin. Kurz bevor ich im Begriff war, die nötige Unterschrift zu leisten, sagte mir diese ganz leise, dass Lars bei der ersten Operation kurz reanimiert worden war. Sofort spürte ich eine unsichtbare Schlinge fest um meinen Hals. Warum hatte man uns diese Information bis heute verschwiegen? Haben wir nicht das Recht, eine so wichtige Sache sofort zu erfahren? Wollte man uns etwa als Eltern schonen auf so falsche Weise? Nach nochmaligen Nachfragen meinerseits versicherte mir die Anästhesistin, dass diese Reanimation wirklich nur sehr kurz gewesen war und Lars' Herz sofort wieder angesprungen ist. Aber die Schlinge war da! Unsichtbar und fest. Ich musste unterschreiben, denn dieser Halo musste ja entfernt werden. Wir hatten keine Wahl und konnten nur hoffen und beten und den Ärzten vertrauen, dass sie auch dieses Mal richtig entscheiden würden und die OP im kritischen Zustand abbrechen würden. Diese Operation sollte nun nicht mehr als ein bis zwei Stunden dauern. Doch es kam alles anders...

Nachdem mein Mann unseren Lars zu seiner ersten Operation begleitete, war für uns klar, dass ich nun bei den Vorbereitungen auf die zweite OP für Lars da sein würde. Wer immer mir diese Kraft dazu gab, dem danke ich heute noch aus tiefstem Herzen! Hätte ich es nicht getan, wäre diese Lücke heute nochmals um ein Vielfaches größer. So brachten wir gemeinsam – eine Schwester, der Assistenzarzt und ich – Lars zur OP-Schleuse. Alles lief ruhig und bestimmt ab, selbst als wir noch zehn Minuten dort warten mussten. Lars wurde von der Anästhesistin übernommen und sie winkte mir noch beim Weggehen zu. So, als wollte sie sagen: Es wird schon alles gut. Ich lief zurück zum Wohnheim, wo mein Mann und unser jüngster Sohn bereits auf mich warteten. Wir packten alles ein, denn heute sollten wir ja nun endlich wieder nach Hause fahren können. Wir hatten Lars versprochen, diesmal im Flur vor dem Operationssaal zu sein, zumal wir ihn bereits so um die Mittagszeit herum zurück erwarten durften. Und so standen wir drei dort. Länger, viel länger, als wir jemals ahnen konnten. Stunde um Stunde verging. Immer häufiger fragten uns Mitpatienten der Station, ob denn Lars noch nicht zurück sei. Unsere Antwort war stets die Gleiche: Nein. Wir hörten Hubschrauber landen und wieder wegfliegen – nichts Seltenes in dieser Klinik. Vielleicht ein Notfall? Unsere Nervosität steigerte sich mit jeder Stunde. Gegen 16.00 Uhr fragte ich dann mal auf der Station nach und sagte, dass es ja heute sehr lange dauern würde. Der Pfleger bestätigte dies nur stumm. Mehr Antwort bekamen wir nicht, niemand sprach mit uns. Ich verlangte den Schlüssel zum Schulraum. Schließlich hatten wir ja auch unseren kleinen Sohn dabei, und auch für ihn wurde die Situation immer unerträglicher. Nach etwa einer Stunde gingen wir wieder zurück. Aber das

Warten dauerte an. Uns erreichte keine Information. Wo nur blieb Lars so lange? Ich hatte solche Angst, er würde vielleicht gelähmt bleiben. Wie ging wohl die Operation voran? Irgendetwas stimmte vielleicht mit den Stäben nicht. Oder vielleicht mussten sie ja zwischendurch röntgen? Oder, oder? Die Mitpatienten waren inzwischen auch in Sorge und wollten uns Mut machen. Sicherlich sei ein Notfall dazwischen gekommen. Man höre ja ständig die Hubschrauber. Warum kommt niemand zu uns – warum keine Information? Ständig liefen Ärzte an uns vorbei. Selbst der uns vertraute Pfleger. Kein Wort an uns. Nur warten, warten, warten.

Dann endlich! Gegen 17.30 Uhr kam das Ärzteteam langsamen Schrittes aus dem OP. Ich sprang auf in der Erwartung erleichterter Gesichter. Doch wir sahen etwas ganz anderes. Ernste Mienen. Die Ärzteschar kam auf uns zu – diese Gestik... Was dann folgte, ist wie ein unbeschreiblich schlechter Film. Man steht direkt vor uns, will uns die Hand geben. In Sekundenschnelle erfasse ich die gesamte Situation. Ich wusste alles, sie brauchten kein einziges Wort zu sagen. Nun brach alles aus mir heraus. Die ganze Anspannung, das lange Warten, diese grausame Beraubung. Es konnte nicht sein! Ich schrie, ich weinte, ich tobte. Ich nahm meine Umwelt nicht mehr wahr. Die Ärzte standen da wie angewurzelt und mussten meine bodenlose Verzweiflung über sich ergehen lassen.

Irgendwann durften wir zu Lars gehen. Endlich! Ich musste ihn sehen, ihn in meinem Arm halten, einfach bei ihm sein. Unser kleiner Sohn erlebte alles mit. Er fragte uns, ob Lars schläft und wir konnten es in dieser Situation einfach nur bejahen. Sie ließen uns soviel Zeit, wie wir brauchten. Ein Pfleger war ständig in unserer Nähe, fragte immer wieder nach, ob er bleiben dürfe. Schließlich sei Lars ja auch sein Freund gewesen. Natürlich konnte er bleiben, denn Lars mochte ihn ja auch sehr. Später, im absoluten Schockzustand fragten wir einen Arzt, was passiert sei. Ich konnte nicht alles aufnehmen. Lars wurde vier Stunden lang reanimiert, man würde das wohl bei Kindern länger machen als sonst üblich. Sicherlich hatte ich das im Schock nicht wirklich verstanden. Ich verstehe es übrigens bis heute nicht. Nun aber war ich die Gelähmte. Ich fühlte nur noch Starre und Schock. Sie schickten uns einen Seelsorger, doch wir lehnten ab. Wir wollten einfach allein sein mit unserem Sohn. Wir verständigten die Familie und blieben gemeinsam lange bei Lars. Der Pfleger gab uns Beruhigungstabletten mit, für den Fall, dass wir nicht schlafen könnten. Wir blieben doch noch einmal im Wohnheim, viel zu müde um jetzt nach Hause zu fahren.

Am nächsten Morgen ging ich auf die Station. Ich musste das alleine tun! Ich holte Lars' Sachen aus seinem Zimmer. Eine Schwester fragte nach, ob mir jemand helfen soll, aber ich lehnte ab. Ich wollte nur gerne mit der Ergotherapeutin sprechen, die auch sofort kam. Sie übergab mir all die handwerklichen Arbeiten von Lars. Unschätzbare Dinge für uns, wie Edelsteine. Ich verließ sein Zimmer, ging zum letzten Mal diesen langen Gang entlang. Die Station war wie ausgestorben, niemand sprach mich an. Dann ein Riesenschreck. Im Schwesternzimmer sah ich die kleine Halskrause, die Lars nach dieser OP hätte tragen müssen. Wie taktlos. Warum hatte man sie nicht weggelegt? Ich war fast versucht, sie mitzunehmen, aber ich ließ dann doch davon ab. Wie viel seelischen Schmerz hält ein Mensch eigentlich aus?

Wir erhielten dann die Nachricht, dass die Akten beschlagnahmt wurden und es eine Untersuchung durch die Staatsanwaltschaft geben würde. Wieder ein weiterer Schock. Was hatte das alles zu bedeuten? Wer erklärt uns das alles? Von Seiten der Klinik niemand. Mit einem Arzt und einem Pfleger besprachen wir, ob wir Lars jeden Tag besuchen dürfen. Wir durften, und es wurde uns ein Zimmer zur Verfügung gestellt. Wenn auch im Keller. Aber wir konnten bei Lars sein, das war uns wichtig. Bis zur Freigabe vergingen vier Tage und wir konnten bei unserem Lars sein. Wenigstens das...

Der Seelsorger der Klinik war eine sehr große Hilfe – und das nicht nur für uns. Er fragte uns nach unserem Einverständnis für das Malen von Bildern gemeinsam mit den anderen Kindern der

Station. Diese Bilder sollten für Lars sein und jedes Kind sollte selbst malen oder seine Gedanken niederschreiben. Am Freitag wollte er dann eine gemeinsame Gedenkstunde für Lars abhalten. Ob wir kämen, wäre uns frei gestellt. Gleichzeitig wies er uns darauf hin, dass alle Ärzte und Schwestern, Pfleger und die Patienten der Station da sein würden. Das half uns bei unserer Entscheidung, dabei zu sein. Es wurde eine würdige, sehr schöne, wenn auch unendlich schwere Stunde, die wir für unseren Sohn Lars erlebten. Einfühlsame Worte, und vor unseren Füßen lag direkt ein übergroßes Puzzle – zusammengesetzt aus vielen kleinen Bildern und Texten. Jedes Kind trug etwas dazu bei und so lag vor uns ein überwältigendes Kunstwerk mit vielen guten Wünschen und Gedanken für Lars.

Nach den vier langen Tagen konnten wir nun endlich unseren Lars aus der Klinik abholen. Wir betraten in Begleitung des Bestatters die Klinik und wurden plötzlich in das Arztzimmer gerufen. Was wollte man denn nun noch von uns? Wir konnten es nicht erahnen. Doch die ersten Worte setzten uns bereits zu. Der Arzt sagte: „Der Mensch Lars lebt nicht mehr." Und er erklärte uns, dass sie alle letztendlich nicht wüssten, warum Lars nicht mehr erfolgreich zu reanimieren war. Sie wollten eine Obduktion. Das wurde uns nun schlagartig klar. Mein Mann konnte gar nicht mehr sprechen. Ich hörte mich nur noch fragen, ob denn tatsächlich mittels dieser Untersuchung geklärt werden könne, warum Lars letztendlich gestorben sei. Der Arzt antwortete, dass er das nicht hundertprozentig versprechen kann. Seine Ehrlichkeit in diesem Punkt war für uns eine große Hilfe bei der Findung unserer Entscheidung. Aber wir hatten keine Worte mehr. Dieses Gespräch war für uns eine Zumutung. Wir litten und leiden noch heute unter der kühlen und verständnislosen Art und Weise, wie mit uns gesprochen wurde.

Nur die Erinnerung an unseren Sohn Lars bleibt uns nun. Und leider auch viele tiefe, aber vor allem vollkommen oft unnötige Verletzungen, die wir bis heute nicht überwunden haben. Und die wir wahrscheinlich auch nie überwinden werden. Und so viele

Fragen, die uns niemand beantworten kann. Warum? Warum wir? Warum unser Sohn? Und warum können so viele Menschen nicht mit Sterben und Tod umgehen? Müssten doch gerade die Ärzte sich der Tatsache bewusst sein, dass der Tod in der Klinik ganz schnell nahen kann.

Für unseren Stepper Lars

Wir haben dich verloren.
Was für ein Verlust!
Unser Leben ist ärmer geworden.

Manchmal sagen wir uns:
Jetzt erst können wir ermessen,
wie sehr du unser Leben reich machtest.

Wir haben dich verloren.
Das Schlimmste am Verlieren ist:
Wir wissen nicht, wo wir dich suchen sollen.
Ein Dunkel hat dich aufgenommen,
das unsere Augen nicht durchdringen kann.

Wir treten an dein Grab und wissen nicht, wo du bist.
Bist du dort dem Vergehen preisgegeben?
Oder ist da irgendwo, irgend etwas Bleibendes?
Was weiterlebt, außerhalb unserer Erinnerung?

Niemand ist fort, den man liebt!
Liebe ist ewige Gegenwart!

☆ Unerwartet

Die folgende Geschichte hat Sternenkind-Mama Irene für die Mitarbeiter der Kinderintensivstation geschrieben, auf der ihr Sohn David von seiner Geburt an bis zum Abschied betreut wurde. Sie zeigt, wie wichtig die Bereitschaft des betreuenden Pflegepersonals ist, auf die Bedürfnisse und Wünsche von Kind und Eltern zu reagieren und sich darauf einzulassen.

Zwei Menschen, gerade erst Eltern geworden und doch so verzweifelt. Ein wunderhübscher Sohn, viel zu früh geboren, zu klein und sehr krank.

Da standen die beiden Menschen nun, ängstlich und fremd, wollten zu ihrem Kind. Doch da kam unerwartet Hilfe. Die Schwester mit dem lieben Lächeln führte sie zu ihrem Kleinen, nahm sich Zeit, erklärte alles – sogar die Kurven auf dem Monitor. Als sie ging, war die Angst weniger geworden, fremd fühlten sich die Eltern nicht mehr.

Da standen die beiden Menschen nun, voller Sehnsucht danach, ihr Kind zu berühren. So klein und zart war er, und sie hatten Angst, ihm weh zu tun. Doch da kam unerwartet Hilfe. Die Schwester mit den zärtlichen Händen führte die Hände der Eltern, und erzählte, wie sehr auch die Kleinen die Berührung genießen. Als sie ging, hatte der Vater – mit zitternden Händen und einigen Schweißperlen auf der Stirn – das erste Mal die Windeln seines Sohnes gewechselt.

Da standen die beiden Menschen nun und hatten Sehnsucht. Ein Gefühl, als würde ihr Sohn sie rufen, sie gerade jetzt brauchen. Die Besuchszeit war schon vorüber, die Eltern trauten sich kaum zu läuten. Doch da kam unerwartet Hilfe. Die Schwester mit dem großen Verständnis hatte die beiden entdeckt und bat sie herein. Sie verbrachten kostbare Minuten an der Seite ihres Kindes, wurden mit Kaffee versorgt. Als sich einige Zeit später die Tür hinter den Eltern schloss, konnten sie beruhigt nach Hause gehen.

Da standen die beiden Menschen nun, konnten den Anblick ihres Sohnes kaum ertragen. Der Kleine hatte Krämpfe, sein Körper zuckte unaufhörlich und kein Medikament half. Doch da kam unerwartet Hilfe. Die Schwester mit der großen Geduld stellte sich an sein Bett, umfasste das kleine Köpfchen mit der einen, die zarten Beine mit der anderen Hand. Lange Zeit sprach sie liebevoll mit ruhiger Stimme auf den Kleinen ein und er fühlte wohl die Sicherheit dieser Begrenzung. Als sie ging, waren die Krämpfe viel weniger, der kleine Mann war ruhig und die Eltern erleichtert.

Da standen die beiden Menschen nun und fragten nach dem Warum. Diese Frage quälte die Eltern immer und immer wieder. Doch da kam unerwartet Hilfe. Die Schwester mit dem schönen Glauben erzählte von kleinen Seelen, die – so kurz ihre Zeit auf dieser Erde auch wäre – ihre Bestimmung fanden. Die – getragen von der Liebe ihrer Eltern – diese Welt friedlich verlassen, um wiederzukommen mit neuer Bestimmung. Als sie ging, waren die Eltern gerührt von so schönen Gedanken und ermutigt, weiterhin nach ihrer Antwort zu suchen.

Da standen die beiden Menschen nun und waren müde. Ihr Sohn trug ein hübsches grünes Hemdchen und eine süße kleine Mütze. Doch der Blick der Eltern war getrübt. Sie sahen die Veränderung nicht. Doch da kam unerwartet Hilfe. Die Schwester mit dem erfrischenden Humor kam in raschen Schritten vorbei, stoppte kurz und mit einem Augenzwinkern sagte sie dem Kleinen, wie cool sie sein neues Outfit fände. Als sie ging, hatten die Eltern – zum ersten Mal seit langer Zeit – herzhaft gelacht.

Da standen die beiden Menschen nun vor den schwersten Tagen ihres Lebens. Nur noch wenige Stunden blieben, dann würden sie sich endgültig von ihrem Sohn verabschieden müssen. Sie wussten nicht mehr weiter. Zweifelten daran, den Mut aufbringen zu können, zurück zu gehen, um ihr Kind zu begleiten. Doch da kam unerwartet Hilfe. Die Kinderschwester mit der starken Schulter ließ die beiden weinen, nahm sie irgendwann einfach an der Hand und führte sie zurück an das kleine Bettchen. Als sie ging, hatten die Eltern Kraft gefunden für die letzten Stunden mit ihrem Sohn.

Da standen die beiden Menschen nun und waren im Zwiespalt. Viele Monate hatten sie nicht geraucht, doch jetzt verlangte ihr Körper nach einer Zigarette. Der Weg nach draußen schien viel zu lang. Zu viel Zeit ohne ihren Sohn, zuviel räumliche Distanz. Sie hatten Angst, ihr Sohn könnte sterben, während sie nicht bei ihm sind. Doch da kam unerwartet Hilfe. Die Kinderschwester, die auch ab und an eine Zigarette genoss, zeigte ihnen einen kleinen Raum. Ganz hinten, versteckt, wohl nur für Schwestern und Ärzte bestimmt. Als sie ging, hatten die Eltern eine Zigarette geraucht – nur wenige Meter entfernt von ihrem Sohn.

Da standen die beiden Menschen nun und fühlten Sorge. Würden sich alle weiterhin so liebevoll um ihren Sohn kümmern – auch ohne Aussicht auf ein Happy End? Auf einer Station, wo Glück und Leid so nah beisammen liegen, sich bewusst dem Leid widmen? Doch da kam unerwartet Hilfe. Die liebe Schwester mit dem offenen Herzen erriet die Sorgen der Eltern. Sie erzählte ihnen von den vielen Kindern, die auf ihrer Station die letzten Minuten auf dieser Welt verbrachten. Jedes Mal wieder wäre es auch für sie ein Weltuntergang. Und sie versicherte den Eltern, dass jeder Schritt ihres Kindes würdevoll und mit Liebe begleitet wird – auch der allerletzte. Nur so sei es richtig, nur so sei es gut. Als sie ging, wussten die Eltern ihren Sohn auch weiterhin in guten Händen.

Da standen die beiden Menschen nun und sahen ihren Sohn sterben. In ihren Armen hörte das kleine Herz auf zu schlagen und die Welt blieb stehen. Die Kinderschwester mit den Tränen in den Augen weinte mit den Eltern, hielt ihre Hand. Sie half beim Baden und Anziehen des Kindes und ermutigte die Eltern dazu, Bilder zu machen. Liebevoll wurden Hand- und Fußabdrücke gemacht, alle persönlichen Sachen des Kleinen verpackt... die Stoffwindel, die zuletzt als Decke auf seiner Haut lag... und Tränen des Mitgefühls. Viele Tränen. Die Schwestern verabschiedeten sich von dem kleinen Sternenkind. Als sie gingen, gingen kurz darauf auch die Eltern.

Da stehen die beiden Menschen nun und trauern. Suchen oft verzweifelt nach schönen Gedanken, die sie für kurze Momente wärmen. Doch dann kommt, ab und an – und gar nicht mehr so unerwartet – Hilfe. Sie denken zurück und wissen: In jeder Minute auf dieser Welt wurde ihrem Sohn Würde und Respekt entgegengebracht. Zärtliche Hände umsorgten ihn, liebevolle Worte durfte er hören. Er fand dort in den drei kurzen Wochen seines Lebens ein Zuhause.

☆ Pünktchen und der Neue mit dem traurigen Blick – Über das Glück einer Freundschaft

Pünktchen war sehr zufrieden. Seit ihrer Ankunft im Sternenkinderland hatte sie schon so viele neue Freunde gefunden. Und der allerliebste Freund war ihr Jonas. Sie hatte durch ihn gelernt, auf den Botenturm zu steigen und von dort aus ihre Grüße auf die Erde zu senden. Ihm durfte sie alles erzählen. Und mittlerweile konnte sie den ganzen Text ihres Erdenwiegenliedes singen. Jeden Abend sang sie Jonas ihr Liedchen vor und jeden Abend hörte ihr der Junge geduldig zu. Denn er wusste ja, wie sehr sich die Kleine daran erfreute und auch ihm wurde es ganz warm beim Hören dieser Klänge. Die beiden mochten sich wirklich sehr.

Jeden neuen Tag waren die Freunde mit den Sonnenstrahlen unterwegs. Und jeder Tag war für sie wie ein kleines Abenteuer. So viel Neues gab es für das kleine Pünktchen zu entdecken und zu verstehen. Und Jonas war ein geduldiger Lehrer. Ach, was hatte er seine Kleine so lieb – so richtig fest in sein Herz hatte er sie geschlossen. Ja, sie war wirklich sehr glücklich. Bis eines Tages wieder das Tor aufging, um ein neues Kinderseelchen herein zu bitten. Pünktchen hatte das ja nun schon einige Male gesehen, aber diesmal war es irgendwie anders...

Der Neue zog sein Gewand nur sehr zögerlich an. Danach setzte er sich auf ein kleines Sternchen und rührte sich nicht von der Stelle. Die Schmetterlinge flogen an diesem Tag besonders schön umher und die Sternenblumen blühten in den allerschönsten Farben. Und all die anderen Seelchen waren mit den lustigsten Spielen beschäftigt und tollten wie wild auf den Wolken. Aber den Neuen interessierte das wenig. Pünktchen zerriss es fast das Herz. Sie fragte sich schon bald, was mit dem Jungen wohl geschehen sein mag, dass er so unendlich traurig war. Und so verging ein ganzer Tag. Immer wieder lud ihn ein anderes Sternenkind zum Spielen ein. Und immer wieder lehnte der Neue nur stumm ab.

Ein kleines Sternenmädchen setzte sich einmal zu ihm und bot ihm die leckersten Regenbogensüßigkeiten zur Speise. Aber er wollte nicht. Er saß nur da und schaute mit einem so traurigen Blick, wie ihn Pünktchen einst nur bei ihrer Erdenmama gesehen hatte. Und so blieb er auch hocken und bewegte sich nicht von der Stelle. Selbst als die Nacht ihren Einzug hielt und der Mond schon lange am Himmel stand und alle Sternchen funkelten, blieb der Junge still da sitzen – mit diesem unendlich traurigen Blick.

Pünktchen fand keinen Schlaf in dieser Nacht. So sehr sie sich auch bemühte. Immer wieder musste sie an dieses arme, traurige Seelchen denken, dass da so allein in der Dunkelheit saß. Irgendwann – es war schon tiefe Nacht – da hielt sie es nicht mehr aus und flüsterte zu Jonas: „Mein lieber, großer Freund! Weißt du noch, als ich damals hierher kam und kannst du dich noch an meinen Kummer erinnern? Auch ich war von einer so tiefen Sehnsucht geplagt und hätte es ohne dich nicht geschafft. Schau nur nach draußen! Dort, dieses traurige Seelchen. Wir müssen etwas für ihn tun. Schau nur, wie einsam er da sitzt." Und schon sprang sie aus ihrem Himmelbettchen und hüpfte nach draußen in die dunkle Nacht. Jonas schaute stolz seinem Pünktchen hinterher. Ach, die Kleine hatte so schnell gelernt... Leise setzte sich Pünktchen in die dunkle Nacht. Ein bisschen unheimlich war es ihr ja schon. Der Neue regte sich nicht und ließ es geschehen. Und da saßen sie nun so eine ganze Weile. Die Kleine bemerkte, dass der Junge ein wenig fröstelte. Sanft hüllte sie ihn mit ein in ihre große, weiche Himmelbettdecke. Und da saßen sie nun nebeneinander wie zwei alte Freunde und doch so fremd. Minuten vergingen, wortlos, Sterne zogen still vorüber.

„Ich heiße Pünktchen und bin jetzt schon eine ganze Weile hier. Und wer bist du?" Tieftraurige Augen schauten sie an und Pünktchen zuckte vor Schreck zusammen. „Ich heiße David", antwortete der Junge leise. „Aber um mich musst du dich nicht sorgen, denn ich bin mir sicher – ich bleibe nicht lang hier." Pünktchen konnte es kaum glauben. Seine Stimme war noch viel trauriger als seine Augen. Und sie konnte auch nicht verstehen, was er wohl meinte mit seinen Worten. „David, warum denkst du, dass du wieder fort gehst von hier? Gefällt es dir nicht im Sternenkinderland?“ fragte sie leise. „Doch“, erwiderte der Junge – jetzt mit einem sanften Lächeln in den Augen, „doch, es ist wirklich sehr schön hier und alle sind so lieb und es herrscht solch ein Frieden – ich spüre Liebe überall und diese Ruhe, nach der ich mich schon so lange sehnte. Aber...“, jetzt flüsterte er die Worte, „aber, ich werde sicherlich wieder zurückreisen. Auf die Erde – zu meinen Eltern. Weißt du, ich war schon einmal auf den Weg hierher zu euch Sternenkindern. Und als ich schon kurz vor dem Wolkentor stand, da durfte ich nicht um Einlass bitten und musste umkehren. Gut, dieses Mal bin ich nun hier bei euch angekommen. Aber ich bin mir sicher, ich bleibe nur für kurze Zeit bei euch. Meine Eltern vermissen mich so sehr, ich spüre das ganz genau. Und ich vermisse sie ja auch so unendlich! Und sie sind sehr, sehr traurig, weil ich hier und nicht bei ihnen bin. Ich kann also nicht bleiben. Wie, liebes Pünktchen, könnte ich hier bei euch wohl glücklich werden? Nein, ich muss einfach nur geduldig abwarten. Dann kehre ich wieder um, zurück auf die Erde.“

Pünktchen verschlug es die Sprache. Und ihr Herz wurde so schwer. Sie spürte ja schon vorher, dass der Junge großen Kummer in sich trug. Aber, dass es so schlimm war... Eifrig begann sie nun zu überlegen, was sie ihrem neuen Freund wohl Gutes tun könnte. Denn auch er sollte ja wieder fröhlich und glücklich sein. Zärtlich nahm sie das neue Seelchen in ihre kleinen Arme. Wärme breitete sich überall aus. Sie wusste es ja nur zu gut, wie unglaublich wohl man sich dann fühlen konnte. David ließ es geschehen und begann leise zu weinen. „Mein armer, armer David. Ich werde dir jetzt alles erzählen, damit du verstehen kannst. Und ich helfe dir, deinen Frieden zu finden. Du bist nicht allein.“ Da saßen die beiden neuen Freunde nun – eng aneinander geschmiegt – in der klaren, dunklen Nacht. Und das kleine Pünktchen versuchte, alles genau zu erklären. Und David hörte zu und weinte still – die ganze lange Nacht hindurch...

„...Weißt du, als ich ein Sternenkind wurde, war ich noch sehr klein. Die anderen hatten Angst, ich könnte von einer Wolke fallen, so winzig war ich. Und unendlich traurig. So ähnlich wie du. Du bist jetzt nicht nur zu Besuch bei uns, lieber David. Auch du hast dein Gewand bekommen. Das heißt, dass auch du von jetzt an ein Sternenkind sein wirst. Für immer. Wir alle müssen das akzeptieren. Niemand kann daran je etwas ändern. Wenn man auf der Erde lebt, kann man nicht verstehen, wie schön es hier bei uns ist. Und die Menschen haben auch etwas, das nennt man auf der Erde Gefühle. Das ist etwas sehr Schönes, allerdings macht es solch einen Abschied unglaublich schwer. Aber hier in unserer Welt gibt es so schöne Dinge, an denen du dich erfreuen kannst. So viele schöne Schmetterlinge, die hellsten Sterne, bunte Regenbogen, die lustigsten Spiele. Alle Sternenkinder werden sehnlichst von ihren Erdeneltern vermisst. Leider können wir nicht mehr zurück dorthin. Aber wir können unseren Erdenmenschen Botschaften schicken und Grüße und Küsse. Es ist leicht zu lernen. Du wirst schon sehen. Der Schmerz und die Sehnsucht, die deine Eltern nun in sich tragen sind riesengroß. Aber sei nicht unendlich traurig deswegen, lieber David. Denn du bist in Liebe entstanden und sie haben dich auch in Liebe zu uns ziehen lassen. Deine Erdeneltern werden auch ganz langsam lernen, mit der Trauer um dich zu leben. Dass sie dich vermissen, kannst du ihnen leider nicht ersparen. Aber das sollst du ja auch gar nicht. Und irgendwann werden sie sich auch wieder am Leben erfreuen können. So unglaublich das jetzt auch klingt. Auch wenn es jetzt noch unvorstellbar ist. Denn wo Liebe ist, kann das anders gar nicht sein! Und sicherlich wird auch die Zeit kommen, da können sie über dich sprechen. Liebevoll, sehnsuchtsvoll und voller Glück, dass es dich in ihrem Leben gibt. Es wird sie nicht mehr zerreißen. Irgendwann. Und du kannst ihnen dabei mit deinen Botschaften helfen, und ich helfe dir.

Es braucht alles seine Zeit, die Dinge zu begreifen. Viel Zeit. Und manchmal wird es gar nicht einfach für euch werden. Bestimmt werden deine Eltern auch bald verstehen, dass du auf Erden nicht wirklich gestorben bist. Denn du hast den schönsten Platz dort, den man sich nur wünschen kann. In den Herzen deiner lieben Erdeneltern. Und den wird dir nie jemand wegnehmen können. Das ist ganz sicher. Und dadurch kannst du die beiden auch immer begleiten. Auch wenn du von nun an ein Sternenkindchen bist, so bist du doch immer irgendwie bei ihnen. Und das ist auch gut so. Es ist das Schönste, was es für uns gibt. Und wenn deine Eltern wieder etwas besser zu Kräften kommen und ihren Mut finden, dann wird es auch dir besser gehen hier im Sternenkinderland. Denn jedes Lächeln, jeden lieben Gedanken, den sie zu dir schicken, ist für dich wie neue Energie. Sie lässt Blumen blühen und Schmetterlinge tanzen. Dann wirst auch du lächeln und den Zauber der Liebe spüren. Das ist das Band zwischen euch, das durch keine Entfernung, und sei sie auch noch so groß, jemals getrennt werden kann.

Doch nun, lieber David, lass uns ein klein wenig schlafen. Die Sonne geht schon bald auf und morgen gibt es so viel für uns zu tun. Ich werde dir alles zeigen, auch den Botenturm. Und mach dir nicht so viel Sorgen um deine Erdeneltern. Es wird etwas dauern. Aber irgendwann werden sie auch deine Zeichen verstehen. Da bin ich mir ganz sicher. Nur etwas Geduld! Schlaf jetzt, mein lieber David. Ich vertreibe deine Sorgen und bleibe bei dir. Du bist nicht allein. Und du darfst jetzt auch ruhig mal mutlos sein und auch weinen. Ich werde dich trösten. Lehn dich an mich an. Ich schenke dir Kraft. Genauso hat es einst Jonas mit mir gehalten. Es ist der einzige Weg, der dich wieder glücklich werden lässt. Und wenn du alles verstanden hast, dann wird es dir und deinen Erdeneltern bald besser gehen. Auch sie müssen nun sehr viel an sich arbeiten und kämpfen. Aber es wird mit der Zeit etwas besser gehen. Gemeinsam schaffen wir das. Du siehst, lieber David, wir müssen den Erdenmenschen so viel erklären. Aber jetzt werden wir uns erst einmal ein wenig ausruhen. Und bald erzähle ich dir auch, wie wir Schutzengelchen werden..."

David schloss die Augen. Er war müde und lies sich nun endlich von wunderschönen Gedanken einhüllen. Er träumte von seinen lieben Eltern... Oh, wie schön das war! Und der kleine Sternenjunge hatte nun zum ersten Mal ein friedliches Lächeln auf den Lippen.

Die Taufe eines todesnahen Kindes auf der Station

Vielen Eltern ist es sehr wichtig, ihr sterbenskrankes Kind taufen zu lassen. Möglicherweise wissen die Betroffenen gar nicht, dass dieses Ritual auch auf einer Kinderintensivstation abgehalten werden kann. Eventuell vergessen Mütter und Väter auch, danach zu fragen. Wenn das Kind verstorben ist, dann ist eine Taufe meist nicht mehr möglich. Das Angebot eines Taufrituals sollte den Eltern schwerstkranker Kinder deshalb offen dargelegt werden.

- **Nottaufe**
  Ist eine Taufe gewünscht und es besteht die ernsthafte Befürchtung, das Kind könnte zuvor versterben, dann sollte es notgetauft werden. Es liegt in den Händen der zuständigen Schwester bzw. des Arztes, eine so genannte Nottaufe – unter dem Beiwohnen eines Zeugen – durchzuführen. Das liebevolle Begleiten des Kindes aus seinem Leben hinaus, verbunden mit den Worten: *Ich taufe dich – Name des Kindes – im Namen des Vaters, des Sohnes und des heiligen Geistes,* wird von der Kirche als Taufritual anerkannt. Dadurch kann vielen Eltern der Wunsch danach erfüllt werden, auch wenn Kraft und Zeit für einen gewünschten Rahmen nicht mehr ausreichen. Im Nachhinein wird dann eine Taufurkunde durch einen Pfarrer ausgeschrieben. Hier finden Sie nun vier Taufsprüche, die auch jederzeit für eine Nottaufe angewandt werden könnten:

  Siehe, ich habe dir geboten,
  dass du getrost und unverzagt seiest.
  Lass dir nicht grauen und entsetze dich nicht.
  Ich, dein Gott, bin bei dir auf all deinen Wegen.
  (Josua 1,9)

  Die auf den Herren harren, kriegen neue Kraft,
  dass sie auffliegen mit Flügeln wie Adler,
  dass sie laufen und nicht matt werden,
  dass sie wandeln und nicht müde werden.
  (Jesaja 40,31)

Gott hat seinen Engeln befohlen,
dich zu beschützen, wohin du auch gehst.
(Psalm 91,11)

Gott hat uns nicht gegeben den Geist der Furcht,
sondern der Kraft und der Besonnenheit.
(1.Timotheus 2,7)

Den folgenden Vers finde ich sehr schön und auch für eine Taufe passend:

„Erinnere mich daran später,
wenn ich es vergessen sollte...
Du bist kein Geschenk das mir gehört...
über das ich verfügen kann...
sondern mir anvertraut als Leihgabe.
Nicht um mich in dir zu verwirklichen,
bist du mir gegeben,
sondern um dich bei deinen ersten Schritten
in diesem Leben zu unterstützen –
und um dich loszulassen,
wenn du alleine gehen kannst."

Gabriele Lange

- **Segnung**
  Sollte weder eine geplante Taufe noch eine Nottaufe statt gefunden haben und die Eltern verspüren dennoch den starken Wunsch nach einem solchen Ritual, dann können Sie das verstorbene Kind durch einen Pfarrer segnen lassen. Eine Segnung ist nicht unbedingt mit einer Taufe gleich zu stellen. Dennoch hat auch dieses Ritual schon vielen Eltern etwas Trost und Frieden in ihrer Trauer gespendet.

- **Wahl des kirchlichen Beistandes**
  In der Regel arbeiten die Mitarbeiter der Kinderintensivstationen mit katholischen und evangelischen Pfarrern eng zusammen. Diese Menschen kennen den Arbeitsablauf, das Personal sowie die Station und wissen die Dringlichkeit einzu-

schätzen. Natürlich sollte man den Eltern stets die Möglichkeit der freien Wahl einräumen. Leider kommt es jedoch oftmals zu Zeitnot. Besonders dann ist es hilfreich, Notfallnummern Ihnen bekannter Seelsorger zur Hand zu haben. Gehören die betroffenen Eltern einer ganz anderen Religion an, dann ermöglichen Sie diesen Menschen bitte, einen Vertreter ihrer Glaubensrichtung mitbringen zu dürfen. Meist ist auch dies recht schnell und mit nur einem Anruf getan. Informationen über andere Glaubensrichtungen und verfügbare Ansprechpartner können Sie übrigens problemlos über betreffende Stadtführer oder dem Amt für multikulturelle Angelegenheiten erhalten.

- **Geplante Taufe**

Um dem sterbenden Kind und seinen Eltern eine möglichst angenehme Atmosphäre für die Zeit der Taufe zu schaffen, bedarf es einiger Vorbereitung. Dazu zählt die **Wahl der begleitenden Schwester**. Das betreuende Pflegepersonal sollte in der Zeit der Taufe und des Abschieds wenig wechseln. Vertrauen, Wärme, Ruhe und Sicherheit werden durch ein permanentes Vorstellen neuer Gesichter gestört. Eine Taufe geht natürlich in erster Linie für die betroffenen Eltern mit sehr starken Gefühlen einher. Aber: Auch Helfer sind nur Menschen! Die zugeteilte Schwester sollte sich daher ganz offen fragen, ob sie körperlich und seelisch in der Lage ist, diese Situation leiten zu können und stützend zu arbeiten. Es ist mit Sicherheit keine Schande, sich auch mal emotional überfordert zu sehen und in diesem Fall das Begleiten der betroffenen Familie an Kollegen abzugeben. Die Eltern brauchen die volle Unterstützung der zuständigen Schwester! Es würde sich mit Sicherheit negativ auf den Verlauf der Taufe und den Zustand der Eltern auswirken, wenn sich die betreuende Schwester inmitten des Rituals entziehen muss oder sich verschließt.

Möglich ist auch, dass Eltern den Wunsch äußern, eine Krankenschwester als Taufpatin einzusetzen. Dies geschieht gelegentlich, wenn das Verhältnis zwischen Kind, Eltern und

Personal ein besonders enges, liebevolles ist. Dieser Wunsch ist bei der Planung der Mitarbeitereinteilung zu berücksichtigen. Auch sollte es in einem gut zusammen arbeitenden Team die Regel sein, dieser Schwester für die Zeit der Taufe möglichst viele Außenarbeiten abzunehmen, damit sie ihr Hauptaugenmerk auf die Bedürfnisse und Wünsche von Kind und Eltern richten kann.

Zur Vorbereitung gehört auch die **Raumgestaltung**, natürlich im Rahmen der Möglichkeiten. Mir ist aus meiner eigenen Arbeit heraus sehr wohl bewusst, dass der Alltag einer Kinderintensivstation von Kreißsaal- und Außeneinsätzen geprägt ist. Jederzeit können Unruhe und Stress auftreten. Nur sehr selten ist ein abgeschirmter, ruhiger Raum auf den Stationen verfügbar. Dennoch können gewisse Dinge, wie beispielsweise Intensiveinheiten aufrüsten oder verschieben, im Vorfeld abgeklärt und vorbereitet werden. Das hilft in jedem Fall, eine **möglichst ruhige Atmosphäre**, selbst in einem Mehrbettzimmer, zu schaffen. Auch die Eltern der „Nachbarskinder" sollten über eine geplante Taufe informiert werden, damit sie gegebenenfalls ihre **Besuche an diesem Tag** vor bzw. nach der Taufe machen können.

Es ist natürlich auch sinnvoll, **geplante Pflegemaßnahmen** schon vor Beginn der eigentlichen Taufe durchzuführen. Außerdem können Sie schon einen kleinen Tisch, die bestimmte Anzahl Stühle, Getränke und die nötigen **Taufutensilien** bereit stellen. Sicherlich werden die Eltern den Wunsch nach der **Anwesenheit vertrauter Personen** während der Taufe haben. Fragen Sie bitte im Vorfeld danach und besprechen Sie **Ablauf** und **Uhrzeit**. Es ist nur menschlich, wenn in einem solchen Fall die Regeln einer Intensivstation gelockert und Besuchsrechte auch für Angehörige, Geschwister und enge Freunde eingeräumt werden. Achten Sie bitte darauf, die Besucher ausreichend über den Zustand des Kindes zu informieren. Der Besuch sollte ruhig ablaufen und Kind und Eltern nicht zusätzlich belasten. Einer Taufe beizuwohnen ist oftmals die einzige und letzte Chance für Verwandte und enge Freunde, das Kind kennen zu lernen.

Treffen Sie gemeinsam die **Wahl von Liedern, Fürbitten und Gebeten**. Fragen Sie die Eltern ruhig nach ihren Vorstellungen. Vielleicht wünscht sich die Familie, dass das Kind an diesem Tag ein besonderes **Taufkleidchen** oder ein anderes persönliches Kleidungsstück trägt. Möglicherweise wird ein **Kassettenrecorder** zum Abspielen eines bestimmten Liedes benötigt. Auch hier gilt: Ausnahmen sollten unbedingt ermöglicht werden. Auch das Mitbringen von **Taufkerzen** ist erlaubt. Natürlich dürfen diese, der Sicherheit wegen, auf einer Intensivstation nicht angezündet werden. Dennoch müssen die Eltern nicht ganz darauf verzichten. Eine Taufkerze mit dem Namen des Kindes ist ein sehr schönes Geschenk.

Die eigentliche Erinnerung an die Taufe findet mit dem Herzen statt. Achten Sie jedoch darauf, dass einer der Anwesenden das Photographieren oder auch Filmen übernimmt. Ein **Foto** ist für die Betroffenen wie ein wertvoller Schatz für alle Zeiten.

Es sollte auch den Eltern und Angehörigen ermöglicht werden, **Körperkontakt zum Kind** aufnehmen zu können. Das Streicheln, Halten und Liebkosen des kleinen Menschen zählt zu den wertvollsten Momenten im Leben der Eltern, gemeinsam mit ihrem Kind.

Möglicherweise wird Ihre permanente **Anwesenheit als Arzt oder Schwester** gar nicht nötig sein. Bleiben Sie aber bitte in unmittelbarer Nähe, um bei Problemen schnell und ruhig reagieren zu können. Manche Eltern wünschen sich auch das Beiwohnen des Personals während der Taufe. Es ist dann wie ein Zeichen des Mithoffens, des Mitfühlens. Ein Zeichen der tiefen Verbundenheit. Achten Sie darauf, dass sich die geplante Uhrzeit der Taufe mit dem eigentlichen Ablauf der Stationsarbeit möglichst gut vereinbart. Eine Taufe inmitten eines Schichtwechsels bedeutet zusätzliche Unruhe. Sind die Vorbereitungen der Taufe beendet, dann ist auch hier auf eine genaue **Dokumentation** zu achten. Ihren Kollegen und auch den Eltern selbst ersparen Sie somit mühevolles Nachfragen im Falle eines Schichtwechsels.

Die Begleitung eines sterbenden Kindes und dessen Eltern

In den Momenten des Abschiedes gibt es keinen Trost. Der Schmerz ist unendlich groß. Man kann nichts tun, um den Verlust eines Kindes zu lindern. Aber man kann für die Familien, für ihre Fragen und Bedürfnisse, offen sein und ihnen somit einen ungestörten, individuellen Abschied ermöglichen. Was betroffenen Eltern wichtig war in diesen unsagbar schwierigen Augenblicken, habe ich auch hier wieder als Anregung für die Arbeit vieler Kinderkrankenschwestern und Ärzte zusammengefasst.

- Achten Sie bitte unbedingt auf eine **ruhige Atmosphäre**. Schirmen Sie die Familie möglichst vor fremden Augen ab.
- Tragen Sie Sorge für die **Schmerzfreiheit des Kindes**.
- Geben Sie den betroffenen Eltern die **Zeit**, die sie brauchen und räumen Sie auch anderen erwünschten Personen eine **Besuchsmöglichkeit** ein.
- Informieren Sie einen **Seelsorger** Ihres Vertrauens. Beachten Sie die Glaubensrichtung der betroffenen Familie. Eltern müssen diese Unterstützung nicht unbedingt annehmen, aber sie könnten es jederzeit.
- Schaffen Sie Möglichkeiten eines individuellen Rahmens, beispielsweise mit sanfter Musik.
- Ermöglichen Sie der Mutter und dem Vater einen ungestörten **Körperkontakt zum Kind**. Ermutigen Sie auch zweifelnde oder ängstliche Eltern, aber zwingen Sie bitte niemanden.
- Sprechen Sie wie gewohnt leise mit dem Kind. Nennen Sie es bitte bei seinem Namen.

- Lassen Sie Tränen fließen. Weinen Sie leise mit den Eltern, wenn Ihnen danach ist. **Mitgefühl** ist eine gute Eigenschaft.
- Erwarten Sie nicht von sich selbst, stets die passenden Worte finden zu müssen. Hören Sie auf Ihr Gefühl. Es gibt einfach Momente, die keiner Silbe bedürfen.
- Versorgen Sie das Kind **liebevoll und respektvoll.** Beziehen Sie die Eltern möglichst in die Pflege mit ein. Achten Sie hierbei bitte unbedingt auf persönliche Wünsche.
- Besprechen Sie als betreuende Schwester mit dem zuständigen Arzt den weiteren Ablauf notwendiger medizinischer Maßnahmen, wie z.B. Blutgaskontrollen. Klären Sie auch den Einsatz der Alarmgrenzen des Monitors ab. Manchmal ist ein umfangreiches Monitoring, also das maschinelle Ableiten von Kreislaufparametern, Atmung, Sauerstoffsättigung etc., im großen Rahmen nicht notwendig und kann auf ein Minimum reduziert werden. Unnötige Alarme und überflüssige Kabel und Schläuche am Kind können somit vermieden werden.
- Lassen Sie die Eltern und das sterbende Kind nicht allein. Sie müssen als Schwester nicht unbedingt permanent präsent sein. Aber verlassen Sie bitte nie über einen längeren Zeitraum das Zimmer. Die Eltern befinden sich gefühlsmäßig mit Sicherheit in einem absoluten Ausnahmezustand. Die Hilflosigkeit in diesen Momenten ist unglaublich groß und man wird Ihnen für Ihre **unterstützende Nähe** dankbar sein. Manchmal ist es auch gut, wenn Sie im Zimmer bleiben und sich dezent etwas zurückziehen. So können Sie den Eltern trotz Ihrer Anwesenheit das Gefühl des Ungestörtseins vermitteln. Jedes Kind verabschiedet sich anders! Auf seine ganz bestimmte eigene Art und Weise und nach seiner eigenen Zeitvorstellung!
- Wenn das Kind für immer eingeschlafen ist, dann schenken Sie, nach Absprache, den Eltern ein paar **ruhige Momente** allein mit ihrem verstorbenen Kind. Fragen Sie auch hier nach den Wünschen der Familien.
- Versorgen Sie bitte später gemeinsam mit Vater und Mutter ein letztes Mal das Sternenkind. Vielleicht möchten Ihnen die

Eltern dabei nur zuschauen. Möglicherweise brauchen die Betroffenen Ihre einfühlsame Nähe, um ihr Kind dann selbst versorgen zu können. Das Sternenkind kann mit Ihrer Hilfe gewaschen oder auch gebadet werden. Danach können Sie das Kind nach den Wünschen der Eltern bekleiden, oder Sie unterstützen die Eltern dabei. Beachten Sie bitte auch die Kultur und Glaubensrichtung und eventuell daraus resultierende Wünsche der Trauernden.

- Ermöglichen Sie den Eltern und anderen erwünschten Besuchern auch später noch einmal, das verstorbene Kind ungestört und in Ruhe besuchen zu dürfen. Kinder, die in der Klinik sterben, bleiben in der Regel noch mehrere Stunden auf der Station. Sprechen Sie mit den Trauernden darüber. Erläutern Sie auch die Möglichkeit, das Kind in den Aufbahrungsraum der Klinik bringen zu lassen. Ein späterer Besuch in der Pathologie ist nicht immer ratsam und in vielen Krankenhäusern mit sehr viel Aufwand verbunden, ganz abgesehen von der dort herrschenden kühlen Atmosphäre.
- Denken Sie bitte unbedingt daran, persönliche **Erinnerungsstücke** für die Eltern zu schaffen. Details hierüber finden Sie im Kapitel: Wenn ein Kind im Kreißsaal stirbt. Besonders für die Eltern von älteren Sternenkindern haben persönliche Kleidungsstücke, Kuscheltiere oder das Lieblingsspielzeug eine ganz besondere Bedeutung. Sprechen Sie hier unbedingt den Verbleib dieser Sachen an. Viele Eltern sehnen sich schon kurze Zeit später nach diesen Dingen, wenn sie vergessen haben, alles mit nach Hause zu nehmen. Viele Mütter und Väter möchten ihrem verstorbenen Kind auch ein ganz besonderes Stück davon mit auf seinen letzten Weg geben.
- Geben Sie den Eltern Namen und Telefonnummern von Ansprechpartnern, Selbsthilfegruppen und Literaturhinweise mit. Es bietet sich besonders auf einer Intensivstation an, einen Ordner mit Informationen zu erarbeiten und bereit zu halten. Geben Sie den Eltern einen Merkzettel mit Ihrem Namen und der Telefonnummer der Station. Vielleicht wünschen die Betroffenen später noch einmal ein Gespräch mit Ihnen. Sollten

die Eltern eines sterbenden Kindes trotz mehrfacher Überzeugungsversuche fern bleiben oder es ist diesen Menschen aus anderen Gründen unmöglich, da zu sein, dann liegt es an der zuständigen Schwester, das Kind liebevoll und behutsam auf seinem letzten Weg zu begleiten. Kein Kind sollte allein sterben müssen, ohne eine zärtliche Hand, ohne ein liebes Wort. Eltern, die nicht da waren, um ihr Kind in seinen letzten Momenten zu begleiten, wünschen vielleicht später, sich zu verabschieden. Bedenken Sie bitte auch diese Möglichkeit.

- Achten Sie auf Ihre Kurvendokumentation. Hierzu zählen:

  Datum und Uhrzeit bei Eintreten des Todes

  Gewicht, Größe und Kopfumfang des Kindes

  Umschreibung sämtlicher medizinischer und pflegerischer Tätigkeiten

  Vermerk über alle Anwesenden zum Zeitpunkt des Todes

  Ein Foto des Kindes sollte Ihrer Dokumentation beigefügt werden. Manche trauernden Eltern haben erst viele Jahre später den Mut und die Kraft, danach zu fragen.

  Den Leichenschein und den Fußzettel sowie andere notwendige Stationsunterlagen stellen der Arzt und die Schwester gemeinsam aus.

☆ Abschied von Felix – Die letzten gemeinsamen Stunden

Den folgenden Beitrag schrieb Sternenkind-Mama Frauke.

Jetzt alles aufzuschreiben, fällt mir unglaublich schwer. Es beginnt mit einer Geburt und endet mit einer Katastrophe: dem Tod. Felix ist Anfang Oktober 2001 in der 32. Schwangerschaftswoche auf die Welt gekommen. Im Kreißsaal konnte ich ihn nur ganz kurz sehen: ein süßes Gesicht mit vielen Haaren. Aber er schrie nicht. Er wurde sofort abgenabelt, noch etwas abgesaugt und dann in ein warmes Tuch gewickelt. Mit schnellen Schritten brachte man unseren Sohn in einen Nebenraum, wo das Team der Neugeborenenintensivstation schon auf ihn wartete. Dieter und ich haben ihn nicht richtig sehen können. Sein Zustand war nicht stabil genug. Man konnte nicht warten. Ich wurde dann auch medizinisch versorgt. Danach kletterte ich wieder erschöpft in mein Bett zurück und man brachte meinen Mann und mich in einen anderen Kreißsaal. Dort wurde mir nach zweiwöchiger Einnahme von wehenhemmenden Mitteln für lange Zeit kalt. Ich habe gefroren und eigentlich erst im Frühling so langsam wieder aufgehört zu frieren.

Nach einer halben Stunde durfte Dieter kurz zu den Kinderärzten. Ihm wurde gesagt, dass Felix instabil sei. Was interpretiert man in dieses Wort alles hinein: Instabil heißt nicht stabil. Noch nicht stabil? Aber auch lebend! Jetzt – beim Schreiben – ist diese Angst, die wir damals hatten und auch das Zittern wieder da. Was ist mit Felix? Nach anderthalb Stunden bekam Dieter eine Kamera in die Hand gedrückt und er wurde dann zur Kinderintensivstation geschickt. Dort war Felix nun. Ich bat um ein Telefon, um meiner Mutter zu erzählen, dass der Enkel und Urenkel da ist. Sie sollten zu uns kommen. Es ginge Felix sehr schlecht. Dieter kam wieder und sagte leise, dass dies der schwerste Weg in seinem Leben war. Da wussten wir noch nicht, dass uns ein paar Tage später dieser Weg noch viel schwerer fallen würde. Die Kinderärzte hatten ihn darüber informiert, dass Felix an einer schweren Muskelschwäche erkrankt war. Durch diese Erkrankung waren seine Atemmuskeln nicht kräftig genug. Deswegen bekam unser Felix eine künstliche Beatmung. Die Fotos von unserem Sohn hatte Dieter nicht alleine machen können. Eine Ärztin erledigte das für ihn. Es ist ein recht weiter Weg zwischen Kreißsaal und Kinderstation. Draußen war es schon dunkel und es muss fürchterlich für Dieter gewesen sein, mit dem Wissen um Felix Zustand zu mir zu kommen. Ich bin dann in ein Einzelzimmer verlegt worden. Dafür bin ich sehr dankbar. In mein altes Zimmer hätte ich irgendwie nicht wieder zurückgekonnt. Ich war wie betäubt. In diesem Zimmer haben wir auf die Kinderärztin gewartet, die noch kommen wollte, um uns die Neuigkeiten von Felix zu erzählen. Sie sagte nicht viel. Eher so ein „Drumherumreden" von schwerer Muskelkrankheit und dass es lange dauern würde, bis Felix sitzen könne. Und noch länger, bis er laufen lernt. Aber nichts Konkretes. Heute denke ich, sie konnte damals wahrscheinlich noch gar nichts Genaues sagen.

Ich wollte dann aber meinen Sohn sehen. Unbedingt! Also setzte mich Dieter in einen Rollstuhl und wir gingen gemeinsam zum ersten Mal zu unserem Sohn. Da lag Felix in seinem Inkubator. Mit jeder Menge Kabel, Sonden, Schläuche und Monitore. Zum Glück wusste ich ein wenig, was mich erwarten würde, da der Kinderarzt schon vor einer Woche bei mir war zu einem Aufklärungsgespräch. Aber dann sein Kind so zu sehen. Es nicht in den Arm nehmen zu können. Und der ganze kleine Körper zitterte unter der oszillierenden Beatmung. Ich hatte die Spieluhr – die Felix schon in meinem Bauch begleitete – mitgenommen. Sie wurde desinfiziert und zu ihm in den Inkubator gelegt. Viele Kinder dort haben Spieluhren und Kuscheltiere bei sich. Dieter wollte die Nacht über nicht im Krankenhaus bleiben. Er wollte nach Hause. Ich glaube, in dieser Nacht hat er nicht geschlafen. Meine Mutter blieb die ganze Nacht an meinem Bett sitzen. Wir haben viel geredet und ich habe vielleicht zwei Stunden geschlafen.

Am nächsten Tag sah es eigentlich ganz gut aus. Uns wurde von den Kinderkrankenschwestern und Ärzten immer genau erklärt, welche Aufgaben die ganzen Maschinen und Signale haben. Wie es um Felix genau stand, wurde uns eigentlich nicht so wirklich gesagt. Ich glaube aber, dass das niemand wirklich wusste. Wir wurden ermutigt, Felix auch zu streicheln. Diese wahnsinnig weiche Babyhaut. Und wir haben mit ihm geredet und ihm die Spieluhr aufgezogen. Wenn er untersucht wurde oder abgesaugt werden musste, dann schickte man uns aus dem Zimmer. Ich hatte immer Angst, dass irgendetwas Schlimmes passiert. Aber ich glaube, man wollte uns einfach den Anblick ersparen.

Am nächsten Tag war alles irgendwie positiv. Wir haben Felix gestreichelt, unsere kleinen Finger in seine winzige Hand gelegt. Und ich glaube, er hat auch ein wenig zugefasst. Und er hat seine Arme und Füße bewegt. Und er hat sich bemüht, die Augen zu öffnen. Einmal – ein einziges Mal – hat er mir in die Augen geschaut. Was das für mich noch heute bedeutet, in diese blauen Babyaugen geschaut zu haben, kann ich gar nicht beschreiben. Ich hatte das Gefühl, als ob er unbedingt wissen wollte, wie seine Mama aussieht.

Am darauffolgenden Tag kam mein Mann Dieter ganz zuversichtlich ins Krankenhaus. Es sah ja alles ganz gut aus. Felix war die ganzen Tage und Nächte über stabil gewesen. Wir sind also wieder zur Kinderstation gegangen, um unseren kleinen Kämpfer zu besuchen. Dort sahen wir, dass Felix nicht mehr im Inkubator, sondern in einem großen Wärmebettchen lag. Wir dachten, dass ist ja ein gutes Zeichen. Aber bevor wir Felix Zimmer betreten konnten, wurden wir von einem Arzt angehalten. Er erzählte uns, dass es in der Nacht Komplikationen gab. Er hatte in beiden Lungenhälften einen sogenannten Pneumothorax und die Lage sei nun sehr ernst. Wir sind dann zu Felix gegangen. Er hatte jetzt noch zwei weitere Schläuche im Brustkorb stecken. Es sah ganz fürchterlich aus. Wir haben ihn noch ein wenig an den Beinen gestreichelt. Nachdem wir die Schwester um telefonische Benachrichtigung baten, wenn es Felix schlechter gehen sollte, gingen wir wieder zurück. Es war so schlimm!

An diesem Tag kamen meine Schwägerin und meine Mutter ins Krankenhaus, um uns zu besuchen. Ich war gerade im Stillzimmer und versuchte ein weiteres Mal Milch abzupumpen. Da kamen die Kinderärztin, Dieter, die Schwägerin und meine Mutter ins Zimmer. Die Ärztin versuchte, uns schonend zu erklären, dass Felix nun im Sterben liegt. Ich wollte ihn auf jeden Fall sehen! Egal, ob er noch lebt oder schon tot ist. Ich musste ihn sehen! Ich musste doch bei meinem Sohn sein.

Wir gingen alle gemeinsam auf die Station. Meine Mutter und meine Schwägerin schickten wir auf den Besucherbalkon. Auf der Kinderstation warteten schon die Ärzte von Felix auf uns. Eine Kinderkrankenschwester stand bei Felix und streichelte ihn. Sie redete mit ihm. Sie holte dann auch meine Mutter und meine Schwägerin mit in das Zimmer. Ich setzte mich auf einen Stuhl und bekam Felix in den Arm gelegt. Ich hielt meinen Sohn das erste und einzige Mal in meinen Armen. Als ihm der Beatmungsschlauch und die Magensonde aus der Nase gezogen wurden, schaute ich weg. Mit starken Schmerzmitteln ist er ganz sanft in meinen Armen gestorben. Ich hoffe so sehr, dass er es trotz dieser Mittel gespürt hat, dass er in meinen Armen lag. Dieter hielt Felix dann später auch auf dem Arm. Er wollte ihn auch baden. Ich hatte nicht den Mut dazu. Er ging mit der Kinderkrankenschwester zum Wickeltisch. Als dann meine Schwägerin auch dort hin wollte, wurde sie freundlich weggeschickt mit den Worten: „Nein, das ist jetzt Vater und Sohn Zeit." Für Dieter war und bleibt dies einer der wichtigsten und wertvollsten Momente in seinem Herzen. Die beiden haben dann noch Hand- und Fußabdrücke von Felix gemacht. Während der ganzen Zeit wurde mit Felix gesprochen. Er wurde immer wieder bei seinem Namen genannt und wie ein ganz normales, lebendes Baby behandelt. Das tat uns unheimlich gut. Dieter hat seinen Sohn dann gebadet. Er hat es sehr geschickt gemacht, obwohl er noch nie zuvor in seinem Leben ein Baby gebadet hatte. Abgetrocknet haben wir ihn dann zusammen. Wir haben ihn eingecremt und versucht die langen, dunklen Haare zu bändigen. Sogar das Wickeln meisterten wir. Dann zogen wir ihm die Krankenhauswäsche an, wir hatten ja noch keine eigene. Meine Mutter hatte ihren Fotoapparat mit. Leider waren nur noch vier Fotos auf dem Film. Aber es wurden auch noch einige mit der Polaroidkamera der Station gemacht. So besitzen wir neun Fotos von Felix. Eigentlich viel und doch viel zu wenig. Felix wurde dann von Dieter in ein richtiges Babybettchen gelegt und von mir zugedeckt. Die Spieluhr bekam er dazu. Wir haben uns dann von unserem Sohn verabschiedet. Ich weiß noch, dass ich ihm ein plattdeutsches Schlaflied vorsang.

Die Ärzte baten uns um die Genehmigung, eine Muskelbiopsie an ihm vornehmen zu dürfen. Wir haben dem und auch einer Obduktion zugestimmt. Dann sind wir wieder zurück. In meinem Zimmer überkam uns große Ruhe und Frieden. Die Angst, die uns drei Tage beherrscht hatte, war vorbei. Felix ist tot. Es war endgültig. Nach einiger Zeit kam der evangelische Seelsorger zu uns. Er war von der Kinderstation informiert worden. Und kurze Zeit später kam auch noch der katholische Pfarrer, der durch die Entbindungsstation gerufen worden war. Man erklärte uns, dass Felix nicht nur drei Tage gelebt hat, sondern dass er drei Tage gelebt hat. Es ist zwar sehr schwer, dass in diesem Moment zu begreifen. Aber es hat mir in den nächsten Tagen etwas zum Nachdenken gegeben.

Dieter bekam für diese Nacht ein Bett in meinem winzigen Zimmer. So war ich nicht allein. Später am Abend, ich vermute es war nach der Schichtübergabe, kam die Kinderkrankenschwester, die Felix betreut hatte, noch einmal zu uns. Sie brachte uns die Spieluhr mit, da sie Angst hatte, diese würde auf dem Weg bis zum Friedhof verschwinden. Sie sagte uns auch, was sie Felix alles erzählt hatte. Und sie versicherte uns noch einmal, dass er wirklich keine Chance auf Leben hatte. Das war so wichtig für uns. Am nächsten Tag kam noch einmal der Pastor zu uns und brachte die versprochene Kerze mit und die Broschüre einer Selbsthilfegruppe in unsere Nähe. Das war eine sehr hilfreiche Sache. Ich bin an diesem Tag auch entlassen worden. Ich wollte einfach nicht mehr in dem Krankenhaus bleiben, in dem Felix gestorben ist.

Es war mir wichtig, dass hier aufzuschreiben. So schlimm es auch immer noch für uns ist und wahrscheinlich auch ein Leben lang sein wird. Es soll verdeutlichen, wie dankbar wir für den würdevollen Umgang mit unserem Sohn sind. Ebenso dankbar sind wir für die Möglichkeit des Abschiedes von Felix auf seiner Station. Es gibt für uns keinen Trost, aber wir finden ein wenig Frieden mit dem Wissen darum...

Was medizinischem Personal eine wertvolle Stütze sein kann

Ich gehe nach Hause. Den selben Weg. Das vertraute Auto. Das gewohnte Heim. Alles wie immer. Und doch nichts wie vorher. Ich möchte jetzt so gern reden, aber niemand ist da. Zumindest niemand, der mir wirklich zuhören könnte. Der mich jetzt ein bisschen trägt und versteht und wieder aufbaut...

Natürlich stehen die Bedürfnisse eines sterbenden Kindes und dessen Angehörigen an erster Stelle. Begleite ich diese Menschen beruflich, dann muss ich auch Stärke zeigen, in gewisser Weise führen und sicher handeln können und vor allem in der Lage sein, mich und meine Emotionen zu kontrollieren. Helfende haben eine große Verantwortung, der sie in der Ausübung ihres Berufes gerecht werden wollen und müssen.

Begleiten heißt aber nicht beschützen. Helfer sollten sich niemals in der Position sehen, die verzweifelten Eltern von ihrem sterbenden oder toten Kind fernhalten zu müssen. Der Tod ist da! Jemanden zu begleiten, bedeutet Anregungen zu schenken und an seiner Seite zu sein. Nicht mehr, aber auch nicht weniger. Wenn ein Kind sterben muss oder bereits gestorben ist, dann ist das eine sehr traurige, aber unabänderliche Tatsache. Der Tod eines Kindes ist besonders für die Eltern mit tiefen Gefühlen verbunden. Diese müssen durchlebt, erlebt und gelebt werden, so hart das auch ist. Je früher die Eltern damit beginnen können, um so weniger Tränen werden in ihren Herzen zu Stein. Wir sollten das alle endlich lernen und vor allem verstehen. Die Eltern sollen auch nach der Zeit in der Klinik bewusst weiter leben. Und dafür müssen sie eben in den schwersten Momenten ihres Lebens weinen, klagen, zweifeln oder vielleicht sogar schreien dürfen. Die Trauer um ein Kind ist keine Krankheit und schon gar kein Vorwurf gegen die Begleitenden, sondern einfach notwendig für eine wirklich lebbare Zeit danach.

Ein versäumter Abschied aufgrund mangelhafter oder fehlender Begleitung wäre beispielsweise nie wieder nachzuholen. Helfende sollten daher immer ihre ganze Kraft und viel Fingerspitzengefühl einsetzen, um die Eltern an ihr Sternenkind behutsam heran und nicht weg zu führen. Wenn Helfer **positiv „vorleben"**, wie man sich einem sterbenden oder toten Kind nähert, dann werden die Eltern das mit Sicherheit erkennen und ihrer Hilflosigkeit den Kampf ansagen. Somit werden diese Familien automatisch die Chance eines intensiven Abschiedes nutzen, der so wichtig ist. Wie jeder Weg braucht auch dieser einen Anfang. Hier gibt es für Begleitende noch sehr viel zu tun. Und das an einem Punkt, an dem doch eigentlich nichts mehr zu tun ist. Darüber sollten wir alle einmal nachdenken. Aber wie macht man das alles, ohne selbst zu verzweifeln?

Trauern ist notwendig. Traurig sein ist eine normale, menschliche Reaktion auf einen Verlust. Dunkle Tage gehören zum Leben! Trauer verhilft dazu, Tatsachen „annehmen" zu lernen. So gut es eben geht. Warum sollte das nicht auch für uns Begleiter gelten? Alle Menschen, die auf einer Kinderintensivstation arbeiten, werden sich irgendwann mit den Gefühlen der Trauer konfrontiert sehen. Ärzte, Hebammen und Krankenschwestern müssen dann an sich selbst arbeiten und sich den eigenen Gefühlen stellen. Begleitende brauchen deshalb auch immer Raum und Zeit für sich selbst. Auch Sie dürfen wütend, traurig oder fassungslos sein. Das Begleiten mit Herz und Verstand fordert unglaublich viel Kraft und enormen selbstlosen Einsatz. Helfende müssen sich nicht Ihrer Tränen schämen. Gefühle sprechen nicht Professionalität ab. Wenn auch „nur" außenstehend, so sind Helfende doch ein ganzes Stück weit betroffen, wenn es um das Sterben von Kindern geht. Nicht betroffen zu sein in so unmittelbarer Nähe ist schier unmöglich!

Helfende haben viele Möglichkeiten, den eigenen Gedanken und Gefühlen freien Lauf lassen zu dürfen, ohne gleich als unfähig und labil bezeichnet zu werden. Wer gemeinsam weinen kann, kann mit Sicherheit auch wieder herzlich miteinander lachen. Viel zu oft verschwenden wir Zeit und Kraft mit dem Überspielen aufkommender Gefühle. Ich bin mir sicher, dass es Vielen eine Erleichterung wäre, einfach mal zu weinen, wenn ihnen danach ist. Doch die Angst, als zu sensibel vor anderen da zu stehen, ist oft viel zu groß. Schuldgefühle und Selbstzweifel sind meist präsent, wenn ein Kind sterben muss. Oftmals fühlen sich Helfende in der Nähe eines sterbenden Kindes ohnmächtig und so, als hätten sie versagt. Hier wird eben eine Grenze ganz deutlich, die sich durch nichts und niemanden verschieben lässt. Das zu respektieren fällt schwer. Besonders heute, in einer Zeit der unbegrenzten Möglichkeiten und des unaufhaltsamen Fortschritts. Für Leben zu kämpfen, wo eine Chance ist – das ist gut und vor allem richtig. Aber auch der Tod will akzeptiert werden, wenn seine Zeit gekommen ist.

„...Gib mir Gelassenheit,
Dinge hinzunehmen, die ich nicht ändern kann,
den Mut, Dinge zu ändern, die ich ändern kann,
und die Weisheit,
das eine vom anderen zu unterscheiden...“

Oft frage ich mich, wo unsere Begleitung bleibt. Denn auch Helfer brauchen Hilfe! Steht es uns nicht zu, um uneingeschränkte Unterstützung zu bitten? Wen können wir bitten? Wie sollen wir als Hebammen, Schwestern und Ärzte gut begleiten, wenn wir selbst nicht professionell begleitet werden? Woher sollen wir unser Wissen nehmen, wenn es uns nicht vermittelt wird?

Von der Gesellschaft können wir nicht viel erwarten – tote Kinder werden meist immer noch totgeschwiegen. Ausbildung und Studium bieten zwar einen Ansatz, aber auch nicht viel mehr. Hilfe zur Selbsthilfe ist also auch hier gefragt. Vielleicht wäre das Gründen von **Trauerteams** auf den Stationen etwas wirklich Gutes. So könnten auch Begleitende ein wenig Halt finden. Neben dem Sammeln von Informationen und dem Besprechen von Konfliktsituationen bliebe gewiss auch Platz für uns. Eine andere Möglichkeit wäre, **Rituale** für alle Mitarbeiter zu schaffen, die sich gerade nach dem Tod eines sehr vertrauten Kindes in Ohnmacht, Verzweiflung und Traurigkeit wiederfinden. Ein gemeinsames Abschiednehmen in dieser Form bringt leichter ein offenes Gespräch in Fluss. In einer amerikanischen Entbindungsklinik wird beispielsweise ein verstorbenes Kind von der jeweils zuständigen Hebamme in der Krankenhauskappelle aufgebahrt. Sie legt das Sternenkind, liebevoll angezogen, in ein Weidenkörbchen. Alle anderen Hebammen und Ärzte gehen dann gemeinsam zu einem vereinbarten Zeitpunkt in die Kapelle, um Kerzen anzuzünden und zu beten. Anschließend oder auch einige Tage später gibt es dann einen Gesprächskreis, ganz ohne offiziellen Rahmen, für alle Interessierten. Solche oft auch spontanen Treffen werden regelmäßig von einer Seelsorgerin begleitet, die das Team dieser Klinik schon Jahre kennt. Die meisten der Mitarbeiter dort sind sehr dankbar dafür. Weit mehr als die Hälfte gaben an, schon mehrmals solche und ähnliche Angebote zur besseren Verarbeitung von traurigen Ereignissen genutzt zu haben. Ein gutes Beispiel für einen fortschrittlichen Umgang mit Verlustsituationen.

Verarbeiten beginnt immer mit bearbeiten! Vielleicht möchten Sie ja auch ein paar persönliche Zeilen oder eine Karte schreiben, um Ihre Gefühle und Gedanken über den Tod eines vertrauten Kindes widerzuspiegeln. Nehmen Sie in jedem Fall nach Ihren eigenen Wünschen Abschied vom Kind. Mir war und ist es immer eine große Hilfe und ein Trost, mich später und ganz allein – in aller Ruhe – zu verabschieden. Das kann noch auf der Station, bei der Beerdigung, bei einem späteren Friedhofsbesuch oder auch durch ein anderes abgehaltenes Ritual sein. Möglicherweise hilft Ihnen auch ein Gedanken- und Erfahrungsaustausch im Rahmen eines **Workshop**, einer **Fortbildung** oder einer **Supervision**.

Auf uns als berufliche Helfer darf Trauer nicht dauerhaft hemmend oder lähmend wirken. Wir können absolut nichts geben und werden unfähig zu begleiten, wenn wir uns verschließen oder unsere Gefühle zu Eis gefrieren lassen. Manche Kollegen bewältigen schwierige Situationen besser, wenn sie viel und oft und vor allem offen reden können. Andere wiederum haben gelernt, alles mit sich selbst auszumachen. Einige haben zu Hause sehr verständnisvolle Partner, denen sie alles anvertrauen können. Es ist eigentlich nicht wichtig, wie man verarbeitet, sondern dass man verarbeitet. Andere Menschen kann man in gewissen Situationen vielleicht belügen, sich selbst auf Dauer ganz sicher nicht. Besonders Kinderkrankenschwestern und Ärzte müssen bei ihrer Bewerbung auf einer Intensivstation bedenken, dass auch das Begleiten sterbender Kinder und verzweifelter Eltern zum Berufsbild gehört. Es nimmt eine wichtige Aufgabe ein, auch wenn niemand offen darüber spricht. Diese Tatsache sollte auf keinen Fall zusätzliche Ängste vor Unzulänglichkeit oder Versagen schüren. Vielmehr muss sie Bewusstsein wecken!

Unser Beruf erschöpft sich nicht in dem, was wir in der Ausbildung oder im Studium und auch danach an medizinischen und pflegerischen Aspekten erlernen. Er ist für mich eine Berufung in der Ausübung an sich. Im Beruf setze ich in erster Linie den Verstand ein, in der Berufung das Herz. Und wie sollte das ohne Gefühle gehen? Es sind die Mitarbeiter einer Station, ihr Fühlen, Denken und Handeln, die das Gesamtbild zu etwas Besonderem machen.

„Du hast ein Recht auf deine Tränen,
auf dein Schweigen,
auf deine Ratlosigkeit,
auf deine innere und äußere Abwesenheit.
Du musst nicht den Glücklichen spielen,
nicht über den Dingen stehen..."

Ulrich Schaffer

☆ Der intensive Abschied von Luca – Zwiegespräch mit einem Kind

Sechs Wochen bist du nun schon in dieser Welt und in meinem Leben. Du bist mir anvertraut worden durch deine Eltern, und ich habe dich schon in der ersten Sekunde unserer Begegnung fest in mein Herz geschlossen. So ist das mit uns Menschen. Es gibt Begegnungen, die spürt man kaum, die vermisst man nicht. Und dann gibt es so etwas wie mit dir. So groß und unbeschreiblich. So wunderschön und auch so schmerzhaft. Es kostet mich unendlich viel Kraft...

Dein Dasein stellt mein Leben auf den Kopf. So viele Dinge gibt es neu zu überdenken. Auch der Gedanke „Flucht vor dir" war für einen Moment präsent. Aber nie in meinem Herzen! Dann gibt es ja auch noch diese Stimmen, die mahnend auf die nicht vorhandene Distanz zu dir hinweisen. Sie sagen, ich soll mich von dir entfernen, du tust mir nicht gut. Aber wie kann ich meinem Herzen befehlen, was es zu fühlen hat? Wissen die nicht, das jeder Tag, den Gott uns gemeinsam schenkt, unendlich wertvoll ist? Ich möchte nicht später an deinem Grab stehen und mich nach der verschenkten Zeit verzehren. Das wäre viel schlimmer für mich und ist auch nicht umkehrbar! Wissen wir doch beide, dass dein Aufenthalt in dieser Welt nur sehr kurz sein wird...

Ich bin nicht traurig, mein Stern. Ja, ich werde dich sehr vermissen! Auch diese Momente, wo wir uns so unglaublich nah sind. Und dein Lächeln, deine kleinen Hände und unsere Gespräche. Und auch deine Eltern – diese wundervollen Menschen. Denn wenn du gehst, werden auch ihre Besuche hier ausbleiben.

Aber ich bin nicht traurig. Ich weiß, dass nur dein Körper sterben wird, nicht deine Seele. Die Seele stirbt nie! Dein Bild werde ich mir fest einprägen. Niemand kann mir Erinnerungen nehmen. Und ich hoffe, dass du manchmal nach mir schauen wirst. Aus deiner Welt. Gib dann hin und wieder acht auf mich. Denn du weißt ja, ich habe noch lange nicht alles begriffen... Und vielleicht kommst du mich ja ab und an besuchen. In meinen Träumen und in meinen Gedanken. Aber nur, wenn du willst.

Nein! Traurig bin ich wirklich nicht. Weiß ich doch, dass sich dein kleiner, müder Körper nach Ruhe und Frieden sehnt. Lange schon wehrt er sich gegen die Medizin. Ich habe das endlich verstanden, wie so vieles andere auch. All das braucht ja seine Zeit. Deine Seele möchte fliegen. Jeden Tag erzählst du mir das. Es ist nicht leicht, dich loszulassen. Manchmal meldet sich der Egoismus in mir. Ich wäre ja auch der erste Mensch, der gerne etwas Wundervolles hergibt. Aber ich würde dich nicht lieben, wenn ich versuchte, dir deinen Willen zu nehmen. Und ich könnte es ja auch gar nicht! Und dann ist da noch das Wissen um unser Wiedersehen... irgendwann...

Ich bin wirklich nicht traurig. Aber gestatte mir ein paar Tränen, wenn du gehst. Tränen des Abschiedes von unserer gemeinsamen Zeit hier. Und Tränen der Freude, dass es dich gibt und für immer geben wird.

Die Beerdigung eines Sternenkindes

Bestattungsmöglichkeiten für fehl- und totgeborene Kinder

Wenn Sie glauben, dass jedes verstorbene Kind in Deutschland würdevoll beerdigt werden kann und auch wird – unbeachtet dessen, wie schwer oder groß oder zu welchem Zeitpunkt es geboren wurde –, dann resultiert diese Annahme aus Ihrem menschlichen Gefühl. Leider gibt es in der Gesetzessprache einschränkende und noch lange nicht bundeseinheitliche Regelungen über die Bestattung fehl- und totgeborener Kinder.

Fehlgeborene Kinder gelten beispielsweise nach dem Personenstandsgesetz nicht als Personen, wenn sie weniger als 500 Gramm wiegen. Die meisten deutschen Friedhofsverordnungen schreiben jedoch vor, dass nur Personen beerdigt werden. Hier tritt also die Bestattungspflicht außer Kraft. Dadurch gestaltet es sich für betroffene Eltern oft sehr schwierig, ihr kleines Kind auf einem öffentlichen Friedhof zur letzten Ruhe zu betten. Bei totgeborenen Kindern mit einem Gewicht über 500 aber unter 1000 Gramm gilt diese Pflicht zwar in einigen, aber noch längst nicht in allen Bundesländern.

Die wenigsten Menschen wissen, dass es in jedem Fall ein Bestattungsrecht gibt. Das bedeutet, wirklich jedes Sternenkind kann würdevoll von seinen Eltern beerdigt werden. In vielen Kliniken erhalten betroffene Familien noch immer unzureichende oder auch gar keine Informationen hierüber. Das ist traurig. Niemand kann voraussetzen, dass Mütter und Väter über dieses Wissen verfügen. Zudem müssen die betroffenen Familien sich erst einmal mit der Situation an sich auseinandersetzen und haben selten die Kraft, gezielt um die würdevolle Beerdigung ihres Kindes zu bitten. Viele fehlgeborene Kinder werden somit einfach nach geltenden Hygienerichtlinien durch die Klinik entsorgt. Andere Kinder werden anonym bestattet und den Eltern wird es nie möglich sein, zu erfahren, wo genau dies geschehen ist. Oftmals ruft diese Tatsache noch Jahre später zusätzliche, zermürbende Schuldgefühle bei den Familien hervor. Und das muss nicht sein. Die individuelle Bestattung eines kleinen Kindes ist doch in erster Linie eine Sache von Menschenwürde! Verständlicherweise fühlen sich Betroffene oft anfänglich überfordert, solche Entscheidungen zu fällen. Dann sollte diesen Familien etwas Zeit eingeräumt werden. So können die Mutter und der Vater, eventuell unter Hinzuziehung einer vertrauten Person, ihre Wünsche und Bedürfnisse erst einmal überdenken und gegeneinander abwiegen.

Mittlerweile gibt es schon in vielen Städten **Sammelgräber** bzw. **Grabstätten** für fehl- und totgeborene Kinder. Die verstorbenen Kinder werden nicht sofort, aber in gleichmäßigen Abständen, gemeinsam beerdigt. Bis zur Bestattung bleiben die Sternenkinder in der Regel in der Pathologie des Krankenhauses. Meist gibt es dann bei der Beerdigung eine kleine Andacht, der die Eltern beiwohnen können. Mittlerweile unterstützen schon einige Geburtskliniken und Krankenhäuser solche Initiativen. Ich hoffe sehr, dass dies in Zukunft in allen medizinischen Einrichtungen selbstverständlich wird. In vielen Städten Deutschlands gibt es auch **Grabdenkmäler**. Besonders für Eltern, die nicht von ihrem Bestattungsrecht Gebrauch gemacht oder sich einst für eine anonyme Beerdigung entschieden haben, kann es später sehr tröstend sein, ihr Kind in solch einem Denkmal wenigstens namentlich aufnehmen zu lassen. Auch **Grabsteine** oder liebevoll hergerichtete **Gedenkplätze**, die ausschließlich für die Erinnerung an fehl- und totgeborene Kinder errichtet wurden, können für betroffene Eltern als Ort ihrer Trauer wichtig sein bzw. werden. Auf einigen, leider noch immer nicht allen Friedhöfen, kann ein kleines verstorbenes Kind individuell im eigenen **Reihengrab**, im **Familiengrab** oder in einer **Urne** beigesetzt werden. Sollten Sie mehr Informationen hierüber benötigen oder aber konkrete Unterstützung brauchen, dann wenden Sie sich bitte an die zuständige Seelsorge Ihrer Klinik, an die Friedhofsverwaltung Ihres Ortes bzw. der am nächsten gelegenen Stadt. Oder natürlich auch direkt an das LaLeLu-Projekt (www.lalelu-homepage.de).

Bis heute ist es leider noch nicht in allen Krankenhäusern und Geburtskliniken üblich, die Eltern auf ihre Rechte hinzuweisen. Das muss sich unbedingt ändern. Die Eltern müssen nicht von ihrem Recht Gebrauch machen. Aber es ist wichtig, diesen Menschen zu vermitteln, dass sie es können. Viele betroffene Familien berichteten mir, dass sie, aus der Unwissenheit heraus, ihr Kind nicht bestatten ließen. Die meisten bereuen das bis heute und plagen sich mit der Unwissenheit darüber, was mit ihrem Kind wohl geschehen sein mag. Ich kann nicht verstehen, dass man es immer noch in vielen Kliniken nicht als Selbstverständlichkeit ansieht, auch ein in der Schwangerschaft verstorbenes Kind würdevoll zur letzten Ruhe zu geleiten. Es sollte meiner Meinung nach überall zur Regel werden, auch die Kinder, deren Eltern sich nicht für eine Beerdigung entscheiden konnten, zu bestatten. Beispielsweise in einem wie oben bereits erwähnten Sammelgrab in der Nähe der Geburtsklinik. Es kommt doch oft vor, dass Mütter und Väter mit der Frage der letzten Ruhestätte erst einmal überfordert sind und im Schock am liebsten alles hinter sich lassen würden. Irgendwann aber, wenn das Bewusstsein über das Geschehene in den Vordergrund tritt, werden sich diese Menschen sicher fragen, was mit ihrem toten Kind geschehen ist. Kann man den Eltern dann vermitteln, wie und wo genau ihr Sternenkind würdevoll bestattet wurde, erleichtert dies mit Sicherheit einiges. Unnötige Schuldgefühle und Albträume über die Entsorgung des Kindes verlieren so ihre Macht.

Da fehlgeborene Kinder nicht standesamtlich beurkundet werden, sollte das medizinische Personal daran denken, den Eltern eine so genannte Unbedenklichkeitsbescheinigung für die Bestattung ihres Kindes auszustellen. Dieses Schriftstück wird in der Regel vom Ordnungsamt verlangt und sein Fehlen hat schon zu vielen unnötigen und nervenaufreibenden Diskussionen geführt. Wünschenswert für die Zukunft ist, dass Frauenarztpraxen, Geburtskliniken und Krankenhäuser eine kleine Mappe mit allen zur

Verfügung stehenden Informationen über Bestattungsmöglichkeiten im nahen Umfeld anlegen. Es ist nicht schwer für das medizinische Personal, den Eltern diese Informationen nahe zu bringen. Wenig Aufwand mit einer doch sehr großen Wirkung.

Die Kraft der Rituale

Ein Ritual ist zu beschreiben als ein kulturell geprägter Verhaltensablauf. Die ersten Ansätze wurden uns bereits aus der Mythologie übermittelt. Rituale gelten als reinigend und wohltuend. Ganz besonders für Eltern, denen es nicht möglich war, ihr in der Schwangerschaft verstorbenes Kind würdevoll zu beerdigen, können Rituale einen sehr wichtigen Stellenwert einnehmen. Ich sehe Rituale nicht als Ersatz, sondern eher als eine Bereicherung und eine zusätzliche Kraftquelle. Hier einige Beispiele dafür, wieviel Trost trauernde Eltern über ein Ritual erfahren können:

- Ich habe Betroffene kennen lernen dürfen, die für ihr verstorbenes Kind ein **Bäumchen** im eigenen Garten pflanzten. Sie erfreuen sich nun jeden Sommer an den wundervollen Blüten und haben sich somit einen ganz individuellen Platz der Trauer und des Gedenkens geschaffen. *(Jede neue Blüte ist für uns wie ein zärtlicher Gruß unseres Kindes.)*
- Eine Mutter erzählte mir von einem kleinen **Kästchen**, das sie selbst liebevoll bastelte. Dort bewahrt sie all ihre Schätze auf, die sie in Verbindung zu ihrem Kind sammeln konnte. Den Mutterpass, ein Ultraschallfoto und die Söckchen, die sie einst in freudiger Erwartung kaufte. Die Frau behütet dieses Kästchen sehr sorgsam, genau wie die Erinnerung in ihrem Herzen.
- Wiederum eine andere Mutter erzählte mir von einem wunderschönen **Kettenanhänger**, den sie von ihrem Mann geschenkt bekam. In dem Anhänger ließ der Mann die Daten und den Namen des Kindes eingravieren und die Frau trägt dieses Kettchen nun jeden Tag. Sie fühlt dadurch eine gewisse Nähe zum verstorbenen Kind und die Verbundenheit ihrer Familie.

- Ein Elternpaar baute eine kleine **Gedenkecke** direkt in ihrem Wohnzimmer auf. Das war ein kleiner Tisch, geschmückt mit einigen bedeutenden Fotos, Blumen und einer Kerze, ähnlich wie ein Altar. Die Kerze zündeten sie für eine lange Zeit jeden Abend an und schickten so liebevolle Gedanken zu ihrem kleinen Sternenkind.

- Eine Mami lässt an den Jahrestagen ihres verstorbenen Kindes bunte **Luftballons** in den Himmel steigen und schickt somit die liebsten Grüße. Es ist für sie eine Möglichkeit, diese wichtigen Tage bewusst zu begehen, auch wenn die Umwelt ihr Kind schon längst vergessen zu haben scheint.

- Ein verwaister Vater ließ einen **Stern** mit dem Namen seiner Tochter taufen. Die Taufurkunde hängt nun eingerahmt im ehemals eingerichteten Kinderzimmer. Sie kann von jedem betrachtet werden, der dieses Zimmer betritt.

- Vielen trauernden Eltern ist der **Weltgedenktag für verstorbene Kinder** sehr wichtig geworden. Er findet jedes Jahr am zweiten Sonntag im Dezember statt. Genau um 19.00 Uhr werden überall brennende Kerzen in die Fenster gestellt. Während die Kerzen in der einen Zeitzone erlöschen, werden sie in der nächsten entzündet. Somit geht 24 Stunden lang eine wärmende, hoffnungsvolle Lichterwelle durch die ganze Welt. Mittlerweile werden auch an vielen Orten in der Vorweihnachtszeit besinnliche und kraftspendende Gedenkstunden abgehalten.

Die Gestaltung des Abschieds

Vielleicht treffen wir uns eines Tages wieder.
Und vielleicht werden wir dann verstehen...
Keine Trennung ist je endgültig.
Und selbst das kleinste Quäntchen Liebe
geht in unserem Universum nie verloren.

Oftmals weiß man in einer schwierigen Situation nicht, was nun alles zu erledigen ist und wer informiert werden muss. Besonders trauernden Familien dürfte es schwer fallen, sich auch noch um die Abwicklung wichtiger und nötiger Formalitäten zu kümmern. Um Ihnen eine Hilfestellung zu geben, haben die Eltern des LaLeLu-Projektes aus ihrer Erfahrung heraus diese Liste zusammengetragen.

- Bitten Sie eine Person Ihres Vertrauens (etwa den Paten oder jemand, der Ihr Kind sehr gern hat bzw. der Ihnen nahe steht) um **Hilfe bei der Benachrichtigung** der Familie und der Freunde. Es ist wichtig, dass Sie jetzt wirklich gute, verständnisvolle Menschen zur Seite haben. Diese können als „Sprachrohr“ für Sie dienen und notfalls einspringen, wenn Ihnen einmal die Kraft versagen sollte, oder Sie sich einfach nicht in der Lage fühlen, bestimmte Sachen zu erledigen. Bitte nehmen Sie auch die Hilfe dieser Personen in Anspruch, wenn es um finanzielle Belange, die mit dem Tod Ihres Kindes zusammen hängen, geht. Leider gibt es nur zu viele Stellen, die am Tode eines geliebten Menschen verdienen möchten. Verständlicherweise ist man als trauernder Vater oder Mutter nicht immer in der Lage, rational zu handeln und zu denken, da die Emotionen alles überschatten. Oftmals überwiegt auch das Gefühl, dem Kind einen bestmöglichen Abschied „schuldig zu sein“. Das kann sehr schnell dazu führen, sich von überteuerten und unpersönlichen Angeboten leiten zu lassen.

- Die **Auswahl des Bestattungsunternehmens** ist eine der dringlichsten Aufgaben, die es zu bewältigen gilt. Der Bestatter übernimmt die nötigen Behördengänge bis zur Beerdigung Ihres Kindes und ebnet den Weg, der jetzt leider vor Ihnen liegt. Fragen Sie ruhig in der Ihnen vertrauten Kinderklinik, Kreißsaal, Arztpraxis nach Erfahrungen mit Bestattungsunternehmen. Die Werbung ist in Deutschland zwar gesetzlich verboten, aber nicht der persönliche Informationsaustausch über positive und leider auch negative Erfahrungen. Wenn Sie nun mit einem Bestattungsunternehmen in Kontakt treten, um die Beerdigung Ihres Kindes in die Wege zu leiten, dann scheuen Sie sich bitte nicht davor, diese Menschen um Erfahrungen mit Kinderbestattungen zu fragen. Hier liegt nämlich unserer Meinung nach ein großer Unterschied im Gegensatz zur Beisetzung eines erwachsenen Verstorbenen.

Wir möchten Ihnen nun einige Denkansätze im Hinblick auf die Zeit des Abschiedes geben.

Welche Bestattungsform kommt in Frage? (z.B. übliche Beerdigung, Urnenbeisetzung, Seebestattung)

Welches Grab möchten Sie wählen? (z.B. Familiengrab, Kinderreihengrab)

Wo soll Ihr Kind beerdigt werden? (Erfahrungsgemäß empfiehlt es sich, einen Friedhof in der Nähe des Wohnortes zu wählen, um das Grab später immer besuchen zu können.)

Möchten Sie das letzte Bett Ihres Kindes selbst gestalten? (Beispielsweise den kleinen Sarg bemalen oder mit Window-Color schmücken.)

Möchten Sie Ihr Kind bis zur Beerdigung aufbahren oder es noch ein letztes Mal mit nach Hause nehmen, um dort in aller Ruhe Abschied nehmen zu können? (Das kann auch ein wichtiges Ritual für die ganze Familie und den Freundeskreis sein.)

Was möchten Sie Ihrem Kind mitgeben? (Beispielsweise seine Lieblingsdecke, Spielzeug, einen Abschiedsbrief etc.)

Was soll Ihr Sternenkind auf seinem letzten Weg tragen? (Die Kleidung können Sie ganz persönlich aussuchen oder auch selbst nähen.)

Wünschen Sie eine individuelle Gedenkstunde vor der Beerdigung? (Wenn ja: Wie soll diese aussehen und wer soll dabei sein? Wo und wann findet sie statt?)

Wer soll bei der Beerdigung bei Ihnen sein? (Wünschen Sie einen Abschied im großen Rahmen oder wollen Sie besser allein sein?)

Wie soll die Beerdigung Ihres Kindes gestaltet werden? (Wer hält die Ansprache? Welche Musikwünsche haben Sie? Wünschen Sie Kerzen und besonderen Blumenschmuck? Möchten Sie Luftballons oder auch weiße Tauben symbolisch fliegen lassen?)

Nehmen Sie sich bitte Zeit, über alles möglichst gründlich nachzudenken und sprechen Sie die einzelnen Punkte mit Ihrem Bestattungsunternehmen ab. Ein gutes Unternehmen wird Sie in jedem Fall individuell und nach Ihren Wünschen unterstützen! Die Gestaltung wird für Ihren Trauerweg von großer Bedeutung sein.

Lassen Sie sich bitte auf keinen Fall von äußeren Zwängen oder fremden Ansichten leiten. Es geht hier um Ihr Kind und um Ihre Bedürfnisse. Alles andere ist jetzt im Hintergrund.

Sprechen Sie Ihre Wünsche offen aus. Bitten Sie bei der Umsetzung um Rat und Hilfe und scheuen Sie sich bitte nicht, nach dem Preis zu fragen.

Es gibt viele Möglichkeiten, diese schweren Stunden bewusst zu begehen. Bewusst heißt allerdings nicht überladen. Wichtig ist nicht, wie und womit diese Zeit gestaltet wird. Wichtig ist nur, dass die trauernden Familien einen Weg finden, der ihnen selbst als annehmbar und geeignet erscheint.

- **Schriftlich benachrichtigt** werden sollten:

  Erziehungsgeldkasse und ggf. Pflegegeldkasse

  Familienkasse des zuständigen Arbeitsamtes (Kindergeld)

  Standesamt (Lohnsteuerkartenänderung und Sterbeurkunde)

  Versicherungen (die Ihr Kind betreffen)

  Arbeitgeber (auch über die anstehende Krankmeldung Ihrerseits oder die Bitte um Urlaub und Abwicklung des Mutterschutzes etc.)

  Krankenkasse und Kinderarzt

  ggf. Schule, Kindergarten, Fördereinrichtungen

☆ Abschied von Joshua – Eine Mutter schreibt über die Beisetzung

Den folgenden Beitrag schrieb Sternenkind-Mama Britta.

Eines Morgens wachst du nicht mehr auf.
Die Vögel aber singen, wie sie gestern sangen.
Nichts ändert diesen neuen Tageslauf...
nur du bist fortgegangen, Du bist nun frei,
und unsere Tränen wünschen dir Glück.
J. W. von Goethe

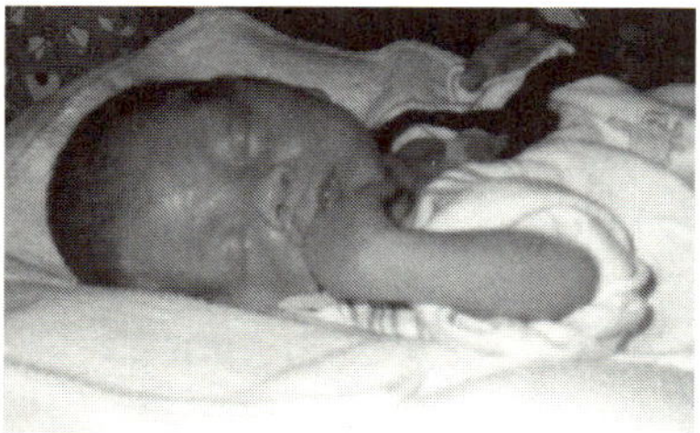

Joshua war ein besonderes, tapferes, schönes, eigenwilliges Kind!

Es fällt mir nicht leicht zu schreiben, aber ich möchte Ihnen diesen Einblick gewähren. Ich habe die Hoffnung, dass ich deutlich machen kann, wie wichtig mir der bewusst durchlebte und ungestörte Abschied von meinem Sohn war und ist und immer bleiben wird.

Das Unfassbare war geschehen. Wir mussten Joshuas letzten Weg auf dieser Erde vorbereiten. Unser Sohn war gestorben! Wir waren uns einig ohne viel darüber gesprochen zu haben, dass wir unseren Sohn verbrennen lassen würden. Der Gedanke, dass er mutterseelenallein in der dunklen kalten Erde liegen sollte, war mehr, als wir ertragen konnten. Nicht von jedem wurde unsere Entscheidung begrüßt. Doch wir waren uns als Eltern sicher, das in diesem Falle einzig Richtige zu tun. (An dieser Stelle ein Dank an Harald, der uns so lieb unterstützte.)

Die Urne suchten wir nach Joshuas Lieblingsfarbe aus – sie war rot und ganz schlicht gehalten. Wir wollten sie selbst gestalten. Dazu luden wir unsere Familie ein. Jeder sollte Joshua etwas ganz Persönliches mit auf den Weg geben. Sein Kinderzimmer hätten wir doch auch selbst gestaltet! Joshua hatte es so mal wieder geschafft, das Beste in jedem einzelnen von uns zu wecken. Viele Familienmitglieder kamen mit den Worten: „Ich kann nicht malen." Oder: „Das schaff ich nicht." Aber wir haben es alle geschafft und waren sogar sehr erstaunt, wie künstlerisch der eine oder andere unter uns doch ist. Dieser Abend wird mir immer in lieber Erinnerung sein. Er war gleichzeitig eine Gelegenheit des Gedankenaustausches. Wir haben viel über Joshua gesprochen und sehr, sehr viel geweint. Aber in den Erinnerungen an Joshua klang auch das eine oder andere Lachen hervor.

Am nächsten Tag fand die Beerdigung statt. Dieser Termin wurde von uns ganz bewusst gewählt, um wirklich allen Eingeladenen eine ungestörte Zeit des Abschiedes zu ermöglichen. Dieser Tag sollte ganz Joshua gewidmet sein und nicht durch versteckte Blicke auf die Uhr gestört werden. Wir baten alle Gäste, sich weniger für eine Trauerfeier, sondern mehr wie für ein Kinderfest zu kleiden. Wenn möglich in Rot. In Joshuas Lieblingsfarbe. Die meisten Gäste sind unserem Wunsch tatsächlich nachgekommen. Manche trugen aber auch Schwarz, eben jeder nach Gefühl.

Die Trauerfeier wurde von einer Pfarrerin und einem Pfarrer gehalten. Sie waren beide sehr bemüht, unsere eigenen Wünsche und Vorstellungen umzusetzen. Der Pfarrer, aus unserer Gemeinde stammend, kam in einem weißen Talar. Die Pfarrerin, sie taufte Joshua im Krankenhaus und begleitete ihn in seinem kurzen Leben, erschien in Zivilkleidung. Zwei Menschen, die uns einfach hilfreich zur Seite standen. Der religiöse Aspekt spielte nach unserem Empfinden während der Zeremonie nur eine untergeordnete Rolle. Das tat gut. So haben wir beispielsweise bei der Trauerfeier keine Kirchenlieder, sondern Kinderlieder gesungen. Dinah, Joshuas ältere Schwester, schenkte ihrem Bruder einmal eine Spieluhr mit dem Lied: „Guten Abend, Gute Nacht". Diese spielte sie Joshua in den wertvollsten zehn Tagen unseres gemeinsamen Lebens, als er mit uns zu Hause sein durfte, immer wieder vor. Also sangen wir zu Ehren Joshuas auch dieses Lied. Auch das Lied: „Weißt du wie viel Sternlein stehen..." sangen wir an seinem Tag. Er ist ja zu den Sternen gegangen. Somit wurde die Liebe zum zentralen Thema, dass die Feier beherrschte.

Wir versuchten alles, was Joshua wichtig war, in den Mittelpunkt zu stellen. Joshua liebte Licht. Er konnte ganz lange Licht in all seinen Facetten beobachten. Und alles, was rot war, ließ er nicht mehr aus den Augen. Und wir lieben Joshua so sehr! Wenn man den Ärzten Glauben schenkt, war es nur unsere Liebe, die ihn solange am Leben erhielt. Mein Mann hatte für alle Trauergäste rote Herzluftballons mit Helium gefüllt, die in der Trauerhalle von der Decke hingen. Joshuas Urne stand umringt von fünf Bäumchen mit roten Schleifen auf einem Podest. Für jeden Lebensmonat stand also ein Bäumchen. Seine Taufkerze brannte direkt daneben. Jeder Gast entzündete an dieser Kerze ein kleines buntes Teelicht. Alles war in warmes Licht getaucht. Damals, als wir Joshua aufgrund seines schlechten Gesundheitszustandes wieder auf die Intensivstation zurückbringen mussten, hatte die Pfarrerin ein kleines Büchlein für ihn gemacht. Unter anderem ist dort der Psalm 91, Vers 11+12 zitiert, den wir auch vortrugen ließen: *„Denn er hat seinen Engeln befohlen, dass sie dich behüten auf all deinen Wegen, dass sie dich auf Händen tragen und du deinen Fuß nicht an einem Stein stoßest."* Außerdem hielt die Pfarrerin vier selbstgebastelte Strohengelchen bereit, die unsere Familie symbolisieren sollten. Auch ihr selbst geschriebenes Gebet wurde vorgetragen. Aber das Wichtigste an diesen wertvollen Geschenken war uns, dass sie diese Dinge schon vor Joshuas Tod für ihn gestaltet hatte.

Ganz wichtig war uns auch, dass wir den Tag mit Menschen verbrachten, die Joshua liebten und kannten. Aus diesem Grund hatten wir persönliche Einladungen ausgesprochen und alle anderen durch eine Todesanzeige in der Zeitung quasi ausgeladen.

Der Gang zum Grab war sicherlich der schwerste Gang in meinem Leben. Als mir bewusst wurde, dass dies die letzte Möglichkeit war, meinen Sohn zu tragen, holte ich die Urne von dem Podest. Ich bin so dankbar, dass man mir dies stumm „bewilligte". Es erschien mir als das einzig Richtige und Wichtige. Wer außer mir, seiner Mutter, hatte sonst das Recht, Joshua in diesen Momenten auf Händen zu tragen? Ich musste es tun! Gemeinsam mit meinem Mann und unserer Tochter an der Hand. Wir nahmen uns alle je einen roten Herzluftballon mit zu Joshuas Grabstelle und ließen diese dort zu unserem Lied: „Somewhere over the rainbow" steigen. Das war für mich der eigentliche Akt des Abschied nehmens – das Loslassen. Ich sehe meinen Sohn nicht in der Erde, sondern im Himmel. Über dem Regenbogen, wo es ihm hoffentlich gut geht und er nicht mehr diese Todesängste aushalten muss. Dieser Gedanke ließ mich die Trauerfeierlichkeiten überstehen.

Je mehr Zeit vergeht, desto weniger habe ich sein Leiden vor Augen. Das alles beherrschende Gefühl ist Verlust. Wenn man etwas verliert, dann kann man es doch auch stets wiederfinden. Und das kann ich im Moment nicht glauben. Mein Sohn ist tot und nicht verloren gegangen.

Die Urne deckten wir, anstatt mit Händen voller Erde, mit Rosenblättern zu. Jeder, der mochte, gab Joshua noch etwas Persönliches mit auf den Weg. Ich hatte ihn zwar in seinem Lieblingsstrampler und mit seinem über alles geliebten Kuscheltier verbrennen lassen, wollte aber unbedingt, dass er auch sein rotes Schmusetuch bekam. Also gab ich es ihm mit.

Einmal zuvor erwähnte ich dem Pfarrer gegenüber, dass ich den so genannten „Tröster", ein Beisammensein nach der Beerdigung, als Gelegenheit des Gedankenaustausches sehe. Ich wollte mit Menschen zusammen sein und Erinnerungen austauschen, die unseren Sohn wirklich kannten. Aber das waren in Joshuas kurzem Leben ja überwiegend die Kinderkrankenschwestern seiner Station. Der Pfarrer machte mir wenig Hoffnung auf das Erscheinen der vertrauten Schwestern. Seine Argumentation war einleuchtend für mich: Man müsse sich dort um die Lebenden kümmern. Man könne sich nicht auf jeden Patienten persönlich einlassen. Und so weiter und so weiter. All diese Gründe ließen mich verzweifelt wünschen, dass es doch nur schon vorüber sei. Um so überraschender war dann die Realität. Es kamen viele seiner Schwestern. Sie nahmen sich auch alle viel Zeit, um mir Joshua noch einmal lebendig zu machen. Wir saßen lange beisammen, im Hintergrund lief Joshuas Musik. Und wir konnten alle ungestört weinen. Es war ein unglaublich schwerer, aber auch sehr intensiver Abschied. Genauso, wie das Leben unseres Sohnes auch war.

Uns bleibt allein die Hoffnung, dass er nun in einer besseren Welt ist. Ohne Leid und ohne Schmerzen. Und die Hoffnung auf ein Wiedersehen mit ihm. Alle Menschen, die mir jetzt oder irgendwann zum Vergessen raten, die wissen nicht, was wirklich geschehen ist. Es ist nicht nur ein Kind gestorben. Sondern unser Kind. Unser Joshua. Und damit auch ein ganz großer Teil von uns selbst. Unser Sohn war, ist und bleibt für uns einfach nur Liebe. Er fehlt so sehr!

Was es bedeutet, um ein Kind zu trauern

☆ Über die Trauer und die Trauerphasen

Die folgenden Zeilen schrieb Sternenkind-Mama Sabine.

Du bist gestorben, doch ich lebe noch. Und weiß oft nicht wie. Ohne dich, mein geliebtes Kind. Du bist gestorben. Ich lebe weiter. Und trage in mir die Schuld des Überlebenden. Ich hätte mein Leben für dich gegeben. Ich habe Gott angefleht, habe ihm gedroht: Wage es ja nicht, mir mein Kind zu nehmen! Wage es ja nicht! Ich habe ihn beschimpft, habe versucht, einen Handel mit ihm zu schließen: Nimm mein Leben anstatt das meines Kindes! Gott nimm mich, nicht sie! Er hat mich nicht erhört...

Er nahm nicht mein Leben, sondern das meines Kindes. Und ich klagte ihn an: Was bist du nur für ein Gott, der ein so wunderbares Kind sterben lässt? Du sollst ein Gott der Liebe sein, der so etwas zulässt? Meinem Kind das Leben zu nehmen. Warum, warum nimmst du mein Kind? Mein wunderbares Kind!

Was habe ich... was hat mein Kind getan, um so leiden und sterben zu müssen? Ich möchte sterben! Denn tot bin ich schon vor lauter Schmerzen. Durch diese Leere ohne dich, mein Kind. Ich habe meinen Glauben an Gott verloren in dem Moment, als du gestorben bist, mein Kind.

Du bist gestorben, mein geliebtes Kind. Und damit: dein Lächeln sehen zu dürfen... Zu hören, wie du Mama zu mir sagst... Der Duft deines Körpers, deiner Haare... Deine Arme, die sich den meinen entgegenstrecken, um aufgefangen zu werden... Deine wunderschönen braunen Augen, von denen ich oft den Eindruck hatte, sie könnten bis auf den Grund meiner Seele schauen.

Du bist tot. Mein geliebtes Kind, Kind meines Herzens. Und doch gibt es Momente, da erscheint es mir, als würdest du mich für kurze Zeit besuchen kommen. Und in diesen Momenten sehe ich dein Lächeln und höre, wie du Mama zu mir sagst... Und ich rieche den Duft deines Körpers, deiner Haare... Sehe deine wunderschönen braunen Augen vor mir, den meinen so unendlich nah und fühle, wie sie in meine Seele blicken und zu sprechen scheinen: Sei nicht traurig Mama. Ich lebe noch und nicht nur in deiner Erinnerung. Ich lebe weiter! In einer anderen Form des Seins. Weine nicht. Ich lebe noch.

Und so ist das auch. Dies habe ich mittlerweile erkannt und verstehen gelernt. Mein Kind ist nicht tot! Ihr Körper ist tot, aber nicht ihre tiefe Liebe zu mir und nicht meine tiefe Liebe zu ihr. Sie existiert weiter zwischen uns ohne Raum und ohne Zeit. Dieses Band der Liebe von ihrem Herz zu meinem... Dieses Band der Liebe von meinem Herz zu ihrem... Dieses Band der gegenseitigen Liebe wird immer für uns bestehen bleiben. Bis ans Ende aller Zeit! Ich liebe dich mein Kind! Grenzenlos!

Und vielleicht werde ich eines Tages verstehen, warum alles so geschehen musste, wie es geschehen ist. Dass mein Kind sterben musste, ohne zuvor richtig gelebt und erlebt zu haben. Vielleicht werde ich eines Tages verstehen und dann Gott um Verzeihung bitten müssen. Für meine Wut, meinen Zorn, meinen Hass und Groll ihm gegenüber.

★★★

Die Trauer um das eigene Kind ist so vielschichtig, unterschiedlich und weitgreifend, dass man schnell damit mehrere Bücher füllen kann. Es liegt mir fern, Ängste in Ihnen zu schüren, wenn ich Sie hier nun wieder an Erlebnissen und Emotionen trauernder Eltern unseres LaLeLu-Projektes teilhaben lasse. Es ist mir einfach sehr wichtig, dass Sie spüren, verstehen und erfahren, was alles in der Zeit der Trauer geschehen kann.

Warum?

Der Tod des geliebten Kindes wirft bei allen Eltern ein und dieselbe Frage auf: Warum? Warum wir? Warum unser Kind? Warum passiert das ausgerechnet uns? Es ist völlig normal, nach dem Warum zu fragen. Eine Antwort gibt es jedoch nur ganz selten. Manchen von uns gelang es nach einiger Zeit, den Tod des Kindes in gewisser Art und Weise „anzunehmen". Dabei halfen uns immer Kontakte zu anderen Betroffenen, die uns wissen ließen: Wir sind nicht allein. Sollten wir Trauer bildlich darstellen, würden wir weder Strich noch Linie zeichnen. Eher ein Meer mit vielen unterschiedlich großen und starken Wellen. Mit vielen Höhen und Tiefen. Mit tosender Unruhe und auch Stille. Mit unterschiedlicher Stärke. Kraftlos oder auch kraftvoll. Stürmisch und immer wiederkehrend. Genau so, wie das Meer eben sein kann. Manchmal geschieht es, dass man von einer Welle der Trauer förmlich mitgerissen wird. Es erleichtert, inmitten einer solch starken Welle einfach ungehemmt weinen oder schreien zu dürfen. Wir alle glaubten nicht nur einmal, irgendwann zu ertrinken, einfach unterzugehen. Das kann schnell passieren. Trauer ist ein ständig wechselndes Auf und Ab. Sie zehrt an unseren Kräften.

Trauer will und muss gelebt werden! Der einzige Weg für uns Eltern führt direkt durch sie hindurch. So schwierig das auch sein mag. Denn nur so werden die endlos vielen Tage und Nächte ohne und doch mit unseren Kindern irgendwann auch wirklich lebbar. Verständnisvolle Menschen, die uns dabei mit ihrem Herzen begleiten, und die das alles auch wirklich aushalten können, sind wie ein Segen für uns. Menschen, denen man nicht viel erklären muss und vor denen man sich nicht zu verstecken oder gar zu verstellen braucht. Einige Väter und Mütter unter uns hatten in der Zeit des Klinikaufenthaltes mit ihrem Kind manchmal das Gefühl, dass ihre Tränen unerwünscht sind. Das machte die Situation in keinem Fall leichter. Denn Emotionen, die im Verborgenen bleiben, hemmen und sind sehr viel schmerzhafter. Genauso schwer einschätzbar und riesig wie das Meer sind auch die Gedanken und Gefühle in der Trauer. Einige davon kannten wir vorher noch nicht an uns. Dazu gehören heftige und immer wiederkehrende Schuldgefühle, Scham über das Geschehene, unendliche Sehnsucht und tiefer Schmerz. Schmerz, der Körper, Geist und Seele befällt. Aber auch rasender Zorn, unbändige Wut, Aggressionen, Neid, sogar Erleichterung und Fröhlichkeit prägen das Bild der Trauer.

Der Tod eines Kindes verändert jeden Vater und jede Mutter. Ein großer Teil von einem selbst stirbt mit dem Sternenkind. Es gibt Tage, da ist es trauernden Eltern unmöglich, sich der Außenwelt mitzuteilen. Wie Gefühle erlebt bzw. durchlebt werden, ist zudem bei jedem Menschen anders. Einige Eltern reden von Glück, wenn es ihnen möglich ist, offen mit anderen zu kommunizieren. Anderen ist es wiederum nur teilweise möglich, wirklich reden zu können. Problematisch kann es auch sein, wenn durch den Schock erst einmal Sprachlosigkeit einsetzt und auch das Reden neu erlernt werden muss. Es ist wahrlich nicht leicht, sich als Mutter oder Vater in dieser Situation zurecht zu finden. Die Welt ohne und doch mit unseren Kindern ist eine völlig neue. Und wir müssen auch uns selbst erst wieder neu kennen lernen. Offen zu sprechen ist sehr wichtig und notwendig. Hierbei gibt es große Unterschiede zwischen Vätern und Müttern. Frauen trauern eher nach außen, Männer meist mehr nach innen. Oft kommt es deshalb zu Konfliktsituationen in der Familie.

Viele Menschen verurteilen uns in dem, was sie glauben, von außen sehen zu können. Das ist falsch. Es ist nur selten ausschlaggebend, ob oder wie sehr ein Mensch sichtbar trauert. Viele Tränen fließen nach innen.

Trauernde Geschwisterkinder

Die lebenden Geschwister unserer Sternenkinder sind in der Regel doppelte Verlierer. Einerseits haben sie eine Schwester oder einen Bruder verloren, was gehäuft mit starken Schuldgefühlen einhergeht. Andererseits haben sie die heimische Unbeschwertheit verloren. Auch sie müssen lernen, mit dem Sterben und Tod der Schwester oder des Bruders umzugehen, und sich neu zu orientieren. Geschwisterkinder sollten deshalb, wenn möglich und von den Eltern gewünscht, von Anfang an in den Besuchen beim sterbenden bzw. verstorbenen Kind in der Klinik mit einbezogen werden. Für manche ist dies eine einmalige Chance, sich kennen zu lernen oder Abschied voneinander zu nehmen. Viele Geschwisterkinder haben so auch die Möglichkeit, sich von gewissen „Horrorvorstellungen" zu lösen. Besonders dann, wenn das Sternenkind vor seinem Tod operiert worden ist. Wir betroffenen Eltern hatten in dieser Zeit selten die Kraft, gezielt um eine Besuchserlaubnis zu bitten. Manchmal hatten wir auch große Angst davor, unsere gesunden Kinder mit allem zu konfrontieren. Wir fühlten, sie schützen zu müssen vor all dem. Fragten uns oft, wie Kinder das aushalten können, wo es doch nicht einmal uns selbst gelingt. Jeder einzelne von uns ist aber heute dankbar dafür, die Geschwister mit einbezogen zu haben. Es war immer wieder erstaunlich für uns Eltern, zu erleben, wie selbstverständlich doch Kinder mit dem Tod umgehen, wenn man ihnen die Chance dazu gibt. Wir können viel von ihnen lernen! Natürlich ist es wichtig, geeignete Ansprechpartner für die Geschwister zu bemühen, die alles kindgerecht und altersentsprechend erklären können. Auch wissen wir, dass ausgedehnte Besuche besonders auf den Intensivstationen nicht immer möglich sind. Aber offene Gespräche sind auch hier sehr wichtig. Eventuell wird auch professionelle Unterstützung benötigt. Kindern trauern eben anders.

Trauer und Wandlung

Sehr gern würden wir sagen, dass die Zeit der Trauer begrenzt ist und irgendwann einen Abschluss findet. Dem ist leider nicht so. Die Trauer ist zeitlich gesehen wie die elterliche Liebe. Sie endet nie! Aber wir können bestätigen – und wir können das beurteilen – dass die Zeit der Trauer auch eine Zeit der Wandlung ist. Das bedeutet, dass auch irgendwann wieder ein wenig die Sonne scheint. In einer gesund durchlebten Trauer werden die Wellen immer mal wieder aufbrausend, aber im Laufe der Zeit auch Stück für Stück schwächer. Nicht mehr ganz so tosend, nicht mehr ganz so entmutigend und entwaffnend. Man steht als Vater oder Mutter irgendwann schneller wieder auf den Beinen als am Anfang. Durch den Verlust eines Kindes kann sich übrigens alles ändern:

das komplette Leben. Der berufliche und der private Weg. Viele Dinge bekommen eine völlig neue Perspektive, verlieren oder gewinnen an Wert. Dies kann durchaus auch die Glaubensrichtung betreffen.

Viele unter uns beschäftigen sich plötzlich mit ganz anderen Dingen und Fragen. Gibt es ein Leben nach dem Tod? Jeder von uns musste für sich selbst neu erlernen, was ihm gut tun kann und was besser zu meiden ist. Auch das ist ganz individuell. Was mir gut tut, muss dir nicht unbedingt auch gut tun. Betroffene Eltern müssen das jeweils für sich allein heraus finden. Hier liegt klar auf der Hand, dass niemand in der Lage ist, einem Trauernden etwas abnehmen zu können. Man kann sich gegenseitig nur beistehen. Manchmal ist es auch an der Zeit, eine Pause einzulegen, denn Trauer ist harte Arbeit. Zwänge durch die Umwelt sind dabei nur störend. Zeit, Gefühle und auch alles andere sind nicht von außen vorzudiktieren, auch wenn das fast jeder unter uns irgendwann einmal erleben musste. Leider haben wir in unserer Gesellschaft nie wirklich gelernt, mit Trauer und schmerzhaften Verlusten umzugehen. Über das Sterben und den Tod spricht niemand gern. Besonders dann nicht, wenn es dabei um Kinder geht. Das macht es für uns Eltern nicht gerade leichter. Es führt oft zur Isolation. Wir konnten es uns doch nicht aussuchen! Hätten wir eine Wahl gehabt, würden unsere Kinder mit Sicherheit noch leben. Egal wodurch, egal wie. Anderen gelingt es vielleicht wegzuschauen. Für uns als Eltern eines verstorbenen Kindes kommt das nicht in Frage. Für uns ist das bittere Realität. Oftmals kommt es durch Unsicherheit oder Unwissenheit, und manchmal auch leider durch schamlose Taktlosigkeit, zu unüberlegten Aussagen uns gegenüber. Worte, Gesten und Taten, die nicht hilfreich sind, sondern den Schmerz erst wieder so richtig auftreiben. Die Umwelt ist sicherlich in einer Art Erwartungshaltung, wenn ein paar Monate seit dem Tod des Kindes vergangen sind. Doch die Trauer um unsere geliebten Kinder wird unendlich sein. Sie ist immer da. Elternschaft endet nicht mit dem Tod des Kindes. Wir geben unseren Sternenkindern einen festen Platz in der Zukunft. Und das wünschen wir uns auch von den Außenstehenden. Denn unsere

Kinder sind für immer ein Teil von uns, den kann man nicht einfach abschneiden. Und das wollen wir ja auch gar nicht. Die Erinnerung in unseren Herzen ist das einzige und gleichzeitig wertvollste, was uns Eltern geblieben ist.

Die Trauerphasen

Trauer beginnt übrigens nicht immer zeitgleich mit dem Tode des Kindes. Besonders die Eltern unter uns, die ihr sterbendes Kind begleiteten, haben schon lange Zeit vor dem Tod tief getrauert. Andere unter uns haben erst sehr viel später damit begonnen, wirklich bewusst zu trauern. Es hat uns Eltern sehr geholfen, von den sogenannten Trauerphasen zu erfahren. Dieses Schema vermittelte uns, dass wir vollkommen normal reagieren und vor Kummer und Schmerz nicht schon längst verrückt geworden sind. Wir alle fanden und finden uns immer irgendwo in den Phasen wieder. Wichtig hierbei ist, dass die Trauerphasen nicht einfach der Reihe nach, wie ein Film, ablaufen. Trauernde Eltern springen oft von eine Phase in die nächste. Das kann sehr schnell gehen, manchmal beinahe unsichtbar. Beispielsweise inmitten eines Gespräches oder selbst beim Schreiben eines Briefes. Das ist nicht unnormal. Eltern, die gerade eben scheinbar den Tod ihres Kindes annehmen, können sich schon in den nächsten Sekunden in einer tiefen Verzweiflung wiederfinden.

Es ist nicht leicht. Aber es ist gut, Trauernde und Begleitende über die Phasen zu informieren. So verliert die Trauer ihre Mächtigkeit und Macht, und wir Eltern können die Gefühle und Gedanken doch eher zulassen.

- **Die Schockphase**
  Diese Phase hält meist von wenigen Stunden bis zu zwei Tagen an. Das Nicht-wahr-haben-wollen und die Ungläubigkeit über die Todesnachricht herrscht in dieser Zeit vor. Die Eltern verfallen in eine innere Starre, sind wie gelähmt und versuchen vielleicht sogar, so weiterzuleben, als sei nichts geschehen. Das Bemühen, die Selbstkontrolle und Beherrschung zu behalten, kostet meist alle Kraft. Die Schockphase ist eine natürlich eingerichtete Schutzphase. Die Eltern können in die-

ser Zeit nicht begreifen, selbst wenn sie wollten. Hält die Schockphase mehrere Tage oder sogar Wochen an, dann ist die Trauer ernsthaft behindert. Hier ist professionelle Unterstützung ratsam.

- **Die Phase der Emotionen**
  In dieser Phase finden Trauernde scheinbar Halt in notwendigen organisatorischen Dingen. Viele Sachen sind nun zu erledigen. Aber zum Abschied gehören auch tiefe Gefühle: z.B. Wut, Zorn, Angst, Beklemmung, Hilflosigkeit oder sogar Erleichterung. Eventuell kommt es in dieser Phase zum Verlust der Selbstkontrolle. Dann weinen, schreien oder toben die Eltern. Hier kann sich die Trauer auch auf den Körper auswirken. Die Eltern fühlen sich dann vielleicht schlapp, müde, leiden unter Magenschmerzen oder anderen Symptomen und reagieren demzufolge überempfindlich. Todesangst oder auch Todessehnsucht sind, ebenso wie die Wut auf Gott, Ärzte oder sich selbst, in dieser Phase keine Seltenheit. *(Am liebsten möchte ich meinem Kind folgen.)* Im Vordergrund steht die große Frage nach dem Warum.

- **Die regressive Phase**
  In der dritten Phase beginnt die intensive Auseinandersetzung mit dem Geschehenen. Das verstorbene Kind wird gesucht, der Verlust nicht mehr verdrängt. Stück für Stück nähern sich die Eltern, die Realität zu akzeptieren. Einsamkeit und tiefe Leere werden deutlich, was zu starker innerer Unruhe führen kann. Das eigene Ich ist in seiner ganzen Organisation betroffen.

- **Die adaptive Phase**
  In dieser Phase wird der Tod des Kindes angenommen, was nicht heißt, dass es vergessen wird. Der Trauernde wendet sich wieder seiner Umwelt zu, überprüft alte und neue Beziehungen. Er gewinnt neues Selbstvertrauen in dem, was er gelernt hat und empfindet tiefe Dankbarkeit für das verstorbene Kind. Es ist eine Aufbruchphase zu neuen Zielen in einer völlig veränderten Welt.

Jede einzelne Phase der Trauer will intensiv durchlebt werden und das ist sicherlich eine der schwersten Aufgaben überhaupt. Alle Gefühle, alle Gedanken möchten an die Oberfläche. Trauer ist so ein weitgreifender Prozess, der nur durch liebevolle Unterstützung gefördert werden kann. Manchmal kann es auch geschehen, dass Eltern in ihrer Trauer fest hängen oder stecken bleiben. Auch das ist nicht ungewöhnlich. Hier kann es sicherlich gut tun, um Hilfe zu bitten. Trauernde Eltern sollten jede Hilfe annehmen, die ihnen geboten wird! Es gibt beispielsweise verschiedene Angebote von Therapien. Kein Grund zur Scham, diese in Anspruch zu nehmen. Die Familien durchleben gerade einen der schwierigsten Lebensabschnitte überhaupt. Da ist es nur allzu verständlich, wenn sie Beistand benötigen. Außerdem besteht auch die Möglichkeit, Hilfe und Halt in einer regionalen Selbsthilfegruppe zu finden. Der Austausch untereinander bringt oft sehr viel Verständnis und Kraft mit sich. Es ist eine Möglichkeit, ein Stück des Weges gemeinsam zu gehen und sich nicht so oft allein zu fühlen. Eine Liste verschiedener Gruppen und Ansprechpartner in einzelnen Regionen und auch im Internet können Sie gern über uns (www.lalelu-homepage.de) erhalten.

Ein offener Brief

Liebe XX! Du schreibst mir von der Ungerechtigkeit und von deinen Gefühlen, jetzt, da einige Wochen vergangen sind. Du hast so viele Fragen, die auch ich dir nicht beantworten kann. Nur das hier weiß ich ganz genau:

Die Trauer um dein Kind dauert ein Leben lang. Mal mehr. Mal weniger. Mal ganz nach innen. Dann wieder nach außen. Mal stumm. Mal laut und tobend. Aber sie ist immer anwesend, fortwährend und unermüdlich. Sie ist einfach da, wie ein ungebetener Gast. Und sie macht kraftlos, mutlos und müde. Dann scheint sie trügerisch auch dein Leben beenden zu wollen.

Vielleicht wünschst du dir auch gerade, dass du endlich sterben kannnst. Glaubst, den Sinn am Leben, mit dem Sterben deines

Kindes, verloren zu haben. Ich verstehe das, es ging mir nicht anders.

Kämpfe für dich! Kämpfe für die Liebe in deinem Herzen, die du dort für dein Kind trägst und wodurch es unsterblich ist. Kämpfe! Niemand könnte deine Liebe übernehmen und weitertragen. Denn sie ist einmalig. Genau wie du. Genau wie dein Kind, um das du so unendlich trauerst.

Jedes Leben hat seine Zeit. Wir Menschen können hier auf Erden das Geschenk Leben nur entgegen nehmen. Es achten und schützen, so lange es dauert. Aber wir sind machtlos, was die Zeit betrifft. Es liegt nicht in unserer Hand.

Als mein Kind starb, habe ich vergessen, dass sein Leben ein Geschenk für mich war und ist. Und ich fragte Gott, ob das gerecht sei: Ein Geschenk, das mir irgendwie nur wie geborgt erschien. Ich bekam keine Antwort. Das machte mich wütend. Ich tobte, innerlich wie äußerlich. Kam nicht mehr zur Ruhe. Und die Zeit verging... Sogar den Duft meines Kindes schien ich langsam zu verlieren. Mein Herz schlug weiter, ich funktionierte. Doch ich hatte das Gefühl, tief im Innersten zu sterben. Stück für Stück. Irgendwann, ich war so sehr erschöpft und resignierte, sagte ich leise zu Gott, dass ich keine Geschenke mehr von ihm wollte. Sie tun ja doch nur weh.

Plötzlich, erst ganz verschwommen und langsam deutlicher, kamen diese wunderschönen Erinnerungen an mein geliebtes Kind zu mir zurück. Und ich spürte, dass mein Kind wirklich ein Geschenk war, ist und für immer bleibt. Das Kostbarste überhaupt. Denn durch dieses einmalige Wesen trage ich so eine unsagbar tiefe Liebe in mir, die ich sonst nie hätte spüren können. Doch es fehlt mir so sehr! Schmerz und Sehnsucht werden nicht geringer, habe ich es auch zu hoffen gewagt. Aber ich fühle mein Kind nun wieder. Irgendwie ist es bei mir. Unendlich fern und doch ganz nah. Tief in meinem Herzen, so lange ich lebe. Das gibt mir Kraft.

Und deswegen sage ich jetzt: Kämpfe! Und irgendwann zeigt dir auch deine Trauer neue Möglichkeiten auf, auch wenn du das jetzt noch nicht glauben kannst. Vielleicht auch noch nicht morgen oder übermorgen. Aber es wird geschehen. Ich will dir nicht sagen, dass alles bald wieder gut ist. Denn das ist eine Lüge. Und ich weiß auch keine Antwort auf deine Frage nach dem Warum. Ich weiß nur, dass du kämpfen musst! Dann, irgendwann, kommt die Zeit der Wandlung. Eine Zeit, die deine Trauer nicht wegwischt, die sie aber lebbar werden lässt. So unglaublich das für dich jetzt auch klingen mag. Aber langsam, ganz langsam! Schritt für Schritt! Überfordere dich nicht mit dem Willen darum. Lass dir deine Zeit. Hab Geduld. Du wirst weiterleben und dein Kind durch dich.

Kämpfe mit dem Wissen um ein Wiedersehen. Irgendwann... Wenn die Zeit dazu gekommen ist...

Die vergessene Trauer des Vaters

In unseren westlichen Kulturen tun wir uns schwer genug, einer Frau zu begegnen, die ein Kind verloren hat. Wie viel schwerer haben wir es, einem trauernden Vater gegenüber in angemessener Weise zu reagieren! Meistens fragen alle nach dem Ergehen der Mutter, der Vater wird häufig nicht beachtet. Möglicherweise haben wir Angst vor den Tränen eines Mannes. Männer haben nicht die „kulturelle Erlaubnis" zu trauern. Männer tragen eine doppelte Last. Sie fühlen ihre eigene Trauer und leiden gleichzeitig, weil ihre Frau leidet. Sie meinen, ihr die Traurigkeit nehmen zu müssen oder ihr Antworten auf ihre Fragen schuldig zu sein. Dies wird verstärkt durch die Ermahnung anderer Männer und mancher Gynäkologen, „für ihre Frau stark zu sein". So hält ein Mann – als Zeichen von Stärke – seine eigene Traurigkeit zurück, um seine Frau nicht auch noch mit seinem Schmerz zu belasten. Frauen können dies leicht als Gleichgültigkeit missverstehen. Männer in unserer Kultur haben oft keine Quelle, aus der sie Kraft schöpfen können. Sie bilden selten intime Freundschaften, in denen sie ihr Herz ausschütten und Zuwendung bekommen können. Die meisten haben nicht gelernt, sich über ihre Gedanken, Gefühle und Sorgen auszusprechen. Das Risiko, langfristig von einem solchen Verlust verdeckt Schaden davon zu tragen, scheint bei Männern größer als bei Frauen.

Ich kann ja verstehen, dass meine Frau durch die unmittelbare Betroffenheit und den körperlichen Bezug zu unserem Kind das größere Leiden hat, und ich bin ja auch bereit, ihr mehr Liebe und Aufmerksamkeit zu geben. Aber sie hat nur ein geringes Verständnis dafür, dass auch ich leide. Das Dilemma ist, ich weiß überhaupt nicht, woher ich selbst meinen Trost kriegen soll. Auf lange Sicht entwickele ich alle möglichen Symptome des „Zukurzkommens" wie Übellaunigkeit und Depressionen.

Wenn Männer die Erfahrung an sich heranlassen, kann dies auch nicht unproblematisch sein. Ein Vater stellte die eigentlich berechtigte Frage: Wo kämen wir denn hin, wenn wir beide zusammenbrechen würden? Im Idealfall, sagt Stephanie Matthews-Simonton, die große Erfahrung mit Sterbenden und Trauernden hat, könnten Trauernde sich zu 25 % aus eigenen Kraftquellen helfen, 20 % der Unterstützung komme vom Partner und 55 % aus anderen Quellen. Bald darauf wieder zur Arbeit zurückzukehren, wo Produktivität erwartet wird, kann schwer sein für einen trauernden Vater, der doch auch Zeit für seine Trauer braucht. Schon wegen ihrer Arbeitssituation können Männer es sich nicht „leisten", die Trauer auf die Art an sich heranzulassen wie Frauen.

Nach der Geburt eines Kindes bekommt der Vater einen Tag, nach dem Tod eines Kindes zwei Tage frei. Nach einer Fehlgeburt müssen Männer schon am nächsten Tag wieder bei der Arbeit sein. Ein trauernder Mann stößt in der Arbeitswelt oft auf Unverständnis. Die Trauer der Väter darf jedoch nicht unter den Teppich gefegt werden.

(Ich musste kurz darauf wieder in der Schule stehen. Vor den kleinen Kindern konnte ich doch nicht einfach losheulen, die hätten das nicht verstanden. In einem anderen Job hätte ich mich vielleicht einfach für zehn Minuten auf der Toilette zurückziehen können, um mich auszuweinen, wenn es gerade wieder über mich hereinbrach. Doch so musste ich tapfer sein und durchhalten.)

Arbeit und Handlung kann in der Tat der Trauer dienen. Es scheint wirklich so, dass die männliche Seite in uns unsere Trauer eher durch Aktivität und Kreativität erschließen kann. Doch die Handlung muss bewusst mit dem Schmerz verbunden werden. Der spontane, kreative Teil in uns wird durch unterdrückte Trauer erstickt. Wenn ein Mann sich auf seine Weise der Trauer stellen kann, mag dies eine Hilfe auf seinem Weg zu mehr Ganzheit bedeuten. Aus der tiefen Not heraus geboren entsteht die Chance, die noch nicht erschlossenen – vielleicht die verletzlichen und zarten – Seiten zuzulassen und neue Verhaltensweisen auszuprobieren. Zulassen der Trauer ist ein Zeichen von Stärke. Die Zeit des Leidens kann eine Zeit des Lernens sein, neue Beziehungswege einzuschlagen. Inmitten der Krise kann ein Mann wirkliche Freunde finden – Menschen, die ihm geduldig zuhören, wenn er „seine Geschichte" erzählt, die keine Angst vor menschlicher Nähe haben, die Respekt vor seiner Trauer und seinen Tränen haben – und ihm seinen Raum geben, wenn er ihn braucht.

Sie können sich fragen:

- Fühle ich mich als Mann für das Wohlergehen meiner Frau verantwortlich? Wie viel Unterstützung erhalte ich aus meinen eigenen Kraftquellen, wie viel aus anderen Quellen und wie viel kommt von meiner Partnerin?
- Gibt es Menschen, mit denen ich ehrlich und aufrichtig über die Tiefe meiner Erfahrung sprechen kann? Oder wie könnte ich es anstellen, jemanden zu finden?
- Welche Auswirkungen hat meine Arbeit auf mich? Blockiert sie den Ausdruck meiner Gefühle, oder kann ich meine Gefühle in meiner Arbeit verwandeln?
- Welche Handlung kann ich mit meiner Trauer verbinden?
- Habe ich genügend Zeit und Raum für Trauer?
- Auf welche Art und Weise trauere ich?
- Welche Bedürfnisse habe ich in meiner Trauer, und kann ich diese anderen vermitteln?

☆ Für Kimberly und Nancy – Über Begegnungen in der Trauer

Mein Name ist Mona, ich bin die Mutter von den Sternenmädchen Kimberly und Nancy. Gern möchte ich Ihnen mit diesem Bericht einen kleinen Einblick in meine Situation geben.

„Jedes Leben
ist in der Tat ein Geschenk.
Egal wie kurz,
egal wie zerbrechlich..."

„Herzlichen Glückwunsch, Sie werden Mama!" Als ich das hörte wusste ich nicht, ob ich lachen oder weinen sollte. Nein, geplant war das nicht. Aber: Ja! Ich werde Mama. Sehr schnell gewöhnte ich mich an diesen Gedanken und schmiedete Pläne. Eine Woche später dann der nächste Ultraschall. „Ja, heute kann man das Herz schlagen sehen. Aber Moment, da ist noch was." Minuten des Schweigens... „Ja, da sind zwei! Sie bekommen Zwillinge!" Jeden Tag dieser Schwangerschaft genoss ich in vollen Zügen. Sehr schnell bekam ich zu spüren, das zwei doch mehr Platz brauchten als ein Baby. Die Hosen passten nicht mehr. Nur gut, dass meine Schwester zur gleichen Zeit schwanger war. Sie war ein paar Monate weiter und somit konnte ich mir ein paar Hosen abstauben. Aber ich konnte es mir nicht verkneifen, auch noch was kaufen zu gehen. Richtig stolz war ich auf meinen kleinen Babybauch. Alle Untersuchungen beim Arzt waren in Ordnung. Ich musste ja etwas öfter hin als normalerweise – es waren ja zwei.

Doch ein Tag sollte mein ganzes Leben verändern. Es war die 15. Schwangerschaftswoche. Gerade war ich auf dem Heimweg mit der Bahn. Zum Umsteigen musste ich eine Treppe hinunter laufen. Plötzlich merkte ich einen Stoß und ich fiel. Nun lag ich da. Mein Bauch tat so weh, eine Platzwunde am Kopf, Prellungen. Der Krankenwagen brachte mich sofort in die Klinik. Doch für meine Babys kam jede Hilfe zu spät. Sie wurden am 15.11.2000 still geboren. Das Krankenhauspersonal war keine große Hilfe – im Gegenteil! Keiner kam mal auf die Idee, mir die Hand zu halten. Ich war ganz allein! Die Schwester musste ich darum bitten, sie fast anflehen, dass ich meine Engelchen sehen durfte. Sie legte mir die Zwei in den Arm mit dem schmerzenden Kommentar, dass die Kinder dadurch auch nicht wieder lebendig werden. Und ich sollte doch froh sein, dass es so früh passiert ist. Ich würde schon wieder Kinder bekommen. Ja, das waren die „tröstenden Worte" einer Schwester. Ich begreife es bis heute nicht. Nun lagen sie in meinem Arm. So klein und doch schon so perfekt. Hände, Füße, Mund, eine Stupsnase. Alles war dran. Sie waren so hübsch. Kimberly und Nancy, meine geliebten Engelchen! Ich gab ihnen noch einen Kuss auf die Stirn und verabschiedete mich. Die Schwester stand immer noch genervt neben mir und nahm sie mir dann ab. Es kam mir vor, als hätte mir jemand einen Teil meines Herzens herausgerissen.

Ich fiel in ein Loch der Verzweiflung. Immer wieder fragte ich nach dem Warum. Eine Antwort fand ich nicht. Die nächsten Wochen waren die Hölle. Bekannte und Freunde wendeten sich von mir ab, denn sie konnten damit nicht umgehen. Immer wenn jemand stirbt, bekommt man doch eine Beileidskarte, tröstende Worte und was bekam ich? Unverständnis. Ich verkneife es mir an dieser Stelle, alle Sprüche aufzuschreiben, die ich an den Kopf geworfen bekam. Nur einer, der hat mir wohl den ganzen Mut genommen und ich kann ihn auch nicht vergessen, so weh hat er getan. Eine „Freundin" meinte doch tatsächlich, dass ich mich ja nur in den Mittelpunkt stellen will. Das war für mich wie ein Schlag ins Gesicht. Meine Kinder wurden einfach totgeschwiegen, so als wäre nichts gewesen. Als hätte es sie niemals gegeben.

Nur eine wirklich liebe Freundin blieb an meiner Seite und ging diesen Weg mit mir gemeinsam. Dafür bin ich auch heute noch unendlich dankbar! Was mir in dieser Zeit geholfen hat, war der Austausch mit anderen betroffenen Eltern. Dort habe ich viel Verständnis und Hilfe gefunden. Wichtig war mir auch, ein Andenken zu machen. Denn ich wusste ja nicht, das ich meine Engelchen eigentlich hätte beerdigen lassen können – es sagte mir ja auch niemand. Also haben wir ein Gedicht in Gold auf blauen

Hintergrund geschrieben. Kleine Söckchen dazu, Sternchen und natürlich die Namen mit dem Datum. Das haben wir dann in einen Rahmen getan und aufgehängt. Dann habe ich noch eine Kerze, die nur zur Erinnerung an meine Sternenkinder brennt. Meine Engelchen sollen nie vergessen gehen!

Jeden Tag zwang ich mich aufzustehen, denn das Leben musste ja schließlich weiter gehen. Immer wieder überlegte ich, wie weit ich denn jetzt wäre in der Schwangerschaft und später beobachtete ich andere Kinder und fragte mich, wie meine eigenen jetzt wohl aussehen würden. Und immer wieder komme ich in Situationen, die mich sehr weit zurückwerfen. Ich will nur eine erzählen: Meine Schwester bekam zwei Monate nach Kimberlys und Nancys Tod ihr zweites Kind. Es war einfach schrecklich für mich. Und erst die Gedanken und Gefühle, die ich hatte. Anfangs musste ich zusehen, wie ihr Bauch immer dicker wurde, und dann bekommt sie auch noch ein gesundes Baby. Sie hat doch schon ein Kind! Neid, Wut, Verzweiflung, Angst, ich weiß nicht was es alles war. Ich kannte mich nicht wieder. Es war ja nicht so, dass ich es ihr nicht gönnte, aber eifersüchtig war ich doch. Warum darf sie wieder ein Baby haben und ich nicht?

Dann kam der Tag, an dem ich mich überwinden musste, meine Schwester zu besuchen. Mir war schlecht, meine Hände zitterten und meine Knie waren wohl zu Gummi geworden. Meine Schwester hatte den Kleinen extra ins Schlafzimmer getan. Sie fragte mich, ob ich ihn sehen möchte. Ich nickte, obwohl ich lieber geflüchtet wäre. Wir gingen ins Schlafzimmer, und meine Schwester schloss die Tür hinter uns, damit wir alleine waren. Da lag er nun so wunderschön. Nein, das ist nicht mein Kind. Nein, er hat überhaupt keine Ähnlichkeit... Ich habe ihn in den Arm genommen und sogar gewickelt. Weinen konnte ich erst auf dem Heimweg. Dieser Tag war wohl einer der wichtigsten in meiner Trauerarbeit. Meiner Schwester bin ich sehr dankbar, dass sie so viel Einfühlungsvermögen zeigte.

So verging die Zeit. Schnell war der erste Geburtstag von Kim und Nancy da. Erst wollte ich mich nur verstecken. Aber dann habe ich mich doch dazu entschlossen, etwas zu machen. Ich wollte diesen Geburtstag feiern! Würden sie leben, dann täte ich es doch auch. Wir haben also einen Kuchen gebacken und zwei Geschenke gekauft. Die Kinder von meiner Freundin durften die Kerzen auspusten und die Geschenke auspacken. Es war ein schöner, wenn auch trauriger Tag. Aber ich denke, meine Engelchen feiern ihren Geburtstag im Kinderparadies. Und sie sollen sehen, dass wir sie nicht vergessen haben. Mit dem Vergessen ist das auch so eine Sache. Es wird sehr schnell vergessen, dass da noch zwei Kinder sind. Ich weiß nicht, was genau so schwer daran ist, wenigstens ab und zu mal an Kim und Nancy zu denken. Verstehen werde ich es wohl nie, warum ich keinen Muttertag haben darf. Bin ich denn keine Mama?

Jetzt haben Sie sicherlich einen kleinen Eindruck gewonnen, was alles schief laufen kann wenn Menschen trauern. Wenn Sie gerade in so einer Situation sind, dann lassen Sie sich von niemandem bevormunden, wie Sie und wie lange Sie trauern sollen. Leben Sie Ihre Trauer aus. Weinen, schreien Sie. Werfen Sie etwas kaputt, wenn Ihnen danach ist. Machen Sie sich Andenken. Auch ein Abschiedsritual hilft in der Trauerarbeit. Reden Sie so oft über Ihr Kind, wie Sie es möchten.

Allen Anderen möchte ich noch folgendes zum Nachdenken geben: Jedes Baby, stirbt es auch noch so früh, ist doch ein Mensch. Es hat Beine, Füße, Arme, Hände, eine Nase und ein Herz. Nur an Größe und Gewicht fehlt es ihnen. Mehr nicht. Das Vergessen unserer Engelchen durch die Umwelt ist jedes Mal von neuem wie ein weiterer kleiner Tod...

☆ In stillem Gedenken an Felix – Anregungen für trauernde Familien

Ich heiße Frauke und möchte Ihnen nun gern mit meinem Bericht einige Eindrücke aus der Zeit der tiefen Trauer um unseren Sohn Felix vermitteln.

„Alte Menschen werden in der Erde begraben – Kinder im Herzen…"

Auch wenn Felix' Geburt jetzt, während ich dies schreibe, genau zehn Monate her ist, so kommen mir doch wieder die Tränen. Und ich glaube, dass ich immer wieder um ihn weinen werde und das ist für mich in Ordnung. Ich habe Felix in der 32. Schwangerschaftswoche im Oktober 2001 auf die Welt gebracht. Felix ist drei Tage später an den Folgen einer schweren Muskelkrankheit gestorben. Die Anlagen dieser Krankheit hat er von mir vererbt bekommen. Als ich aus dem Krankenhaus entlassen wurde, werde ich nie vergessen, wie mein Mann Dieter zu mir sagte: „Eigentlich wollten wir das Krankenhaus zu Dritt verlassen." Dieses „Eigentlich" und das „Warum" prägten seitdem unser Leben.

Am darauffolgenden Tag waren wir bei einem Bestatter. Wir hatten erst mit der Frau des Bestatters telefoniert. Aber ihr Mann erklärte uns später, dass sie dieses Gespräch mit uns nicht fortführen könne und er es deswegen übernehmen würde. Ich fand diese ganzen Formalitäten nicht so schlimm. Es lenkte ab, es war einfach notwendig. Die Beerdigung sollte am Freitag stattfinden, und Felix sollt bei seinem Ur- und Ururgroßvater beigesetzt werden. Aber dann einen Sarg auszusuchen, das war so schwer. Auf keinen Fall einen weißen Sarg. Felix wurde letztendlich in einem Sarg, der blau und mit hellen Sternen und Monden verziert war, zur ewigen Ruhe getragen. Heute hätte ich gefragt, ob ich den Sarg selbst, mit meinen eigenen Händen, verzieren kann. Damals war ich nicht in der Lage dazu. Was wir in diesen Tagen gemacht haben, außer dass Dieter am Computer gespielt hat und ich mich vom Fernseher berieseln ließ, weiß ich gar nicht so genau. Ich kann mich noch erinnern, dass wir besonders in dieser Zeit nachts ganz eng aneinander gekuschelt geschlafen haben. Und ich weiß auch noch, dass wir den Pastor, der uns einst traute und der ein Freund der Familie ist, um die Beerdigung von Felix baten. Er wohnt 500 km weit weg, und er war sofort für uns da.

Am Donnerstag kam meine Nachsorge-Hebamme. Außer einer kurzen Untersuchung haben wir einfach nur geredet. Sie hatte mir eine Telefonnummer einer anderen Mama mitgebracht, die sie vor drei Jahren betreute. Ich hatte nun also eine Adresse, an die ich mich wenden konnte, bei der ich nicht viel erklären musste... Aber es hat noch einige Zeit gedauert, bis ich angerufen habe...

Erst einmal stand die Beerdigung an. Ich hatte meine Mutter gebeten, sie vorzubereiten. Ich konnte es einfach nicht. Auch hierbei würde ich heute vielleicht anders handeln, aber zu diesem Zeitpunkt war es in Ordnung so. Die Trauerfeier fand im engsten Familienkreis statt – wir wollten das so. Wir baten darum, erst einige Minuten allein bei Felix sein zu können. Jürgen, der Pastor, bestand aber darauf, mit in die Kapelle zu kommen. Es war auch gut so. Die Erinnerung an den Anblick dieses winzigen, 60cm langen Sarges treibt mir noch heute die Tränen in die Augen. An die Trauerfeier selbst habe ich kaum noch Erinnerungen. Danach sind wir alle zu meiner Großmutter gefahren, die ganz in der Nähe von uns wohnt. Es gab etwas zu essen und es wurde geredet und sogar gelacht. Am Anfang habe ich mich geschämt, lachen zu können. Heute bin ich mir sicher, dass Felix es gut findet, wenn wir lachen.

Am nächsten Tag hatte ich ganz komische Schmerzen im Bein, die immer unerträglicher wurden. Ich rief die Hebamme an. Wir fuhren in ein anderes Krankenhaus, da ich nicht wieder in das Krankenhaus wollte und konnte, in dem Felix gestorben war. Es stellte sich heraus, dass ich im linken Bein eine sogenannte tiefe Bein- und Beckenthrombose hatte. Das bedeutete jetzt, dass ich wieder im Krankenhaus bleiben musste. Ich weiß noch genau, wie ich auf dem Untersuchungstisch der Aufnahme lag und weinte. Dieter war krank geschrieben, und ich wollte bei ihm bleiben. Aber eine Thrombose ist gefährlich. Ich glaube heute, dass mich diese Thrombose „gerettet" hat. Ich musste mich um mich kümmern und sorgen und versank dadurch nicht total in Lethargie und Depression. Alle auf der Station wussten Bescheid. In der ersten Nacht hat sich die Nachtschwester an mein Bett gesetzt, und ich konnte die ganze Geschichte erzählen. Eine Mitpatientin fragte mich mal, ob ich Kinder habe. Ich sagte: „Einen Sohn, aber der ist gestorben und ich möchte jetzt nicht darüber sprechen." Diese Frau meinte tatsächlich, es sei besser, nicht darüber zu reden und es zu vergessen. Nein, dass ist es nicht! Aber mit dieser Frau wollte ich nicht darüber reden. Ich sollte so schnell wie möglich wieder mobilisiert werden. Also konnte ich bald mit Dieter kurze Spaziergänge machen. Inzwischen war es Herbst geworden – die Zeit verging...

An einem Donnerstag, Felix wäre zwei Wochen alt geworden, wurde ich nachmittags „beurlaubt" und ich durfte am nächsten Tag dann endlich ganz nach Hause. An Dieters erstem Arbeitstag hat mich eine liebe Freundin besucht, trotz längerem Anfahrtsweg. So war ich nicht den ganzen Tag allein. Sie hatte mich auch im Krankenhaus besucht. Aber von meiner besten Freundin aus Kindertagen bin ich sehr enttäuscht. Sie und ihre Familie, bei der ich fast wie eine eigene Tochter war, haben sich nicht gemeldet. Ich musste anrufen, was einem in der Trauer nicht gerade leicht fällt. Sie war nicht da, und ich habe nur mit ihrer Mutter und ihrer Schwester gesprochen. Weihnachten wurde ich dann von ihr beschimpft. Wie ich ihrer Schwester sagen kann, dass ich enttäuscht von ihr bin, weil sie sich nicht gemeldet hat. Ich verstand die Welt nicht mehr. Ich hatte meinen Sohn verloren und musste mich beschimpfen lassen.

In der folgenden Zeit musste ich oft zum Arzt, um meine Blutwerte kontrollieren zu lassen. Mein Arzt meinte zu mir, dass es vielleicht besser ist, dass Felix gestorben ist. Er hätte es ja sonst so schwer gehabt. Ein Spruch, den ich überhaupt nicht verstehen kann, der einfach weh tut. Es geht um mein Kind, das gestorben ist. Und um nichts anderes. Nicht darum, ob es besser für ihn oder uns ist. Er ist nicht mehr da, und unser Leben ist aus der

Bahn geworfen worden. Ich habe dann auch bald die Frau angerufen, deren Telefonnummer ich von meiner Hebamme bekommen hatte. Wir weinten erst einmal zusammen am Telefon. Wir haben die Adressen ausgetauscht und ich bekam sehr bald eine lange Mail mit vielen Tipps. Nicht nur, dass der Gedenkgottesdienst für Kinder in Frankfurt immer am zweiten Sonntag im November stattfindet, sondern auch hilfreiche Internetadressen. Sehr wichtig war der Tipp mit dem FrauenGesundheitsZentrum. Dort werden Gespräche für verwaiste Mütter angeboten und auch Rückbildungskurse für Frauen wie mich. Das war sehr wichtig für mich. Immer wieder reden zu können oder auch reden zu dürfen. Dort habe ich auch nach Adressen von Psychologinnen gefragt, denn ich hatte das Gefühl, noch mehr Hilfe zu brauchen.

Dieter und ich waren eine Woche im November weggefahren. Nicht weit, nur in die Pfalz. Es war wieder Zeit für uns. Ohne Ablenkung und mit schönem, schlechtem Wetter, das genau unserer Stimmung entsprach. Im November habe ich auch angefangen, im Chor zu singen. Es war für mich fast eine Therapie. Die inneren Schmerzen über den Verlust, die wirklich körperlich zu spüren waren und die innere Härte und Verkrampftheit lösten sich durch das Singen und Atmen. Und es waren Frauen dort, die nichts mit der Schwangerschaft zu tun hatten und auch keine Sternenkinder hatten. Auch da habe ich von Felix erzählt – das tat mir irgendwie gut. Im November kam ein Brief vom Bürgermeister, der an Felix gerichtet war. Er wurde darin in seiner Heimatstadt begrüßt. Es wurde von den geteerten Waldwegen geschrieben, auf denen sein Kinderwagen nicht so ruckelt und vom nächsten Kindergarten. Das hat weh getan! So lange nach Felix Tod. Ich habe all meinen Mut zusammen genommen und mich bei der zuständigen Behörde beschwert. Die Antwort darauf klang fast patzig. Das tat wirklich weh.

Im Dezember hatten Dieter und ich dann endlich die humangenetische Beratung. Uns wurde erklärt, dass unsere Kinder, falls wir noch welche bekommen würden, mit einer Wahrscheinlichkeit von 50 Prozent genau dieselbe Krankheit wie Felix haben würden.

Diese Krankheit vererbt sich von der Mutter auf die Kinder in einer dramatisch verstärkten Form. Felix hatte keine Chance gehabt. Uns wurde erklärt, dass es zwei Möglichkeiten, ein eigenes Kind auszutragen, gibt. Entweder die in Deutschland verbotene Präimplantationsdiagnostik, bei der es sich um eine künstliche Befruchtung und eine spätere Untersuchung der befruchteten Eizelle handelt. Oder eine Chorionzottenbiopsie um die zehnte Schwangerschaftswoche herum mit der Option eines medizinisch indizierten Abbruchs.

Im Dezember waren wir das erste Mal bei dem monatlichen Treffen einer Selbsthilfegruppe von Eltern, die in der Schwangerschaft oder kurz nach der Geburt verwaist sind. Das erste Mal konnte ich Dieter überreden mitzukommen. Später wollte er nie mehr mit. Ich bin bis zum April regelmäßig dorthin gegangen. Es tat mir anfangs sehr gut, zu spüren, dass ich – wir – nicht alleine mit unserem Schicksal sind. Aber irgendwann hat mich die viele Trauer und das „Jammern“ einiger Eltern dort so stark mitgenommen, dass ich fühlte, es hilft mir jetzt nicht mehr weiter. Ich war sehr viel im Internet unterwegs und besuchte Foren für verwaiste Eltern. Man merkt auf einmal, wie viele Menschen es doch betrifft. Es kommt leider so verdammt oft vor. In dieser Zeit muss ich auch damit angefangen haben, eine Homepage für Felix zu bauen. Es war für mich ein sehr wichtiger Teil der Trauerarbeit. Auch wenn es teilweise sehr schmerzhaft war, so war es doch ein Aufarbeiten von Felix’ Geschichte. Und das ist wichtig!

Felix hatte schon eine Spieluhr, als er noch in meinem Bauch war. Diese legten wir ihm nach der Geburt in seinen Brutkasten und später dann in seinen Sarg. Irgendwann packte es mich und ich versuchte, ein zweites Mal exakt dieselbe Spieluhr zu bekommen. Für mich. Als greifbare Erinnerung. Ich habe alles versucht, aber es gab in ganz Deutschland diese Spieluhr nicht mehr. Meine letzte Hoffnung lag dann in einem Bittschreiben an den Hersteller. Und ich sollte auch nicht enttäuscht werden. Endlich eine positive Möglichkeit. Man bot mir an, diese Spieluhr noch einmal extra für mich anzufertigen. Ich war so glücklich. Dafür noch einmal von

Herzen: Danke! Diese Spieluhr liegt seitdem immer am Kopfende unseres Bettes. Aber Aufziehen kann ich sie noch nicht. Ich schaffe es noch nicht, das Liedchen zu hören. Noch nicht, vielleicht noch nicht.

Weihnachten war schlimm. Wir waren Heiligabend zu Hause bei uns. Es waren die bisher traurigsten Weihnachten. Eigentlich wären wir ja zu dritt gewesen. Wir haben gesagt, nächstes Weihnachten sind wir hoffentlich zu Dritt. Auch bei meinen Schwiegereltern ging es weiter mit dem „Eigentlich". Bei der Bescherung unserer Nichten hieß es, dass Felix eigentlich auch einen Stoffelefanten von der Oma bekommen sollte...

Besonders schlimm war, dass unsere direkten Nachbarn im Haus jetzt auch ein Kind bekommen hatten. Es war durch die Wand zu hören. Es war jedes Mal schlimm, im Treppenhaus an dem Kinderwagen vorbei zu müssen. Ich musste lernen, dass auch ein gewisser Neid auf normale Familien zu meiner Trauer gehört. Inzwischen sind sie weggezogen. Die Wohnung war zu klein.

Im Januar bekam ich eine Antwort-Mail. Es hieß darin: „Liebe Frauke! Ich hoffe sehr, du erschrickst jetzt nicht, wenn ich dir sage, dass ich mich an deinen kleinen Felix noch sehr gut erinnern kann. Es ist ja noch nicht so lange her, und obwohl er nur sehr kurz bei uns war, hat er doch seine Spuren hinterlassen." Diese Mail war von Eileen. Durch einen absoluten Zufall haben wir uns im Internet getroffen. Endlich war da jemand, der sich an Felix erinnern konnte. Und er hat nicht nur bei uns Spuren hinterlassen, sondern auch bei anderen Menschen. Er wurde dadurch wieder ein Stückchen mehr mein Sohn, mehr Mensch, einfach realer. Kurze Zeit später habe ich für die drei Stationen, mit denen ich durch die Geburt von Felix zu tun hatte, die Geburts- und Sterbekarte ins Krankenhaus gebracht. Auf der Entbindungsstation hatte sogar meine Lieblings-Krankenschwester Dienst und sie hat sich ein wenig mit mir unterhalten können. Im Kreißsaal wurde mir erzählt, dass es selten vorkommt, dass sich Mütter, die dort entbunden haben, noch einmal melden. Aber noch nie ist es vorgekommen, das sich eine Mutter meldet, die ihr Kind nicht mitnehmen durfte. Und ich habe es sogar geschafft, auf die Intensivstation zu gehen, wo Felix betreut worden war. Mir ist auch gleich der Kinderarzt über den Weg gelaufen. Auch er hat sich sehr gefreut, etwas von uns zu hören. Auch dort ist es selten, dass sich Mütter noch einmal melden. Ich war sehr stolz auf mich, dass ich die Kraft fand, diesen schweren, aber doch so wichtigen Schritt zu tun.

An meinem ersten Arbeitstag nach dem Mutterschutz – ich hatte 18 Wochen durch die Frühgeburt – wurde mir gekündigt. Ich hatte schon ein bisschen damit gerechnet, da mir an dem Tag, an dem ich die Schwangerschaft bestätigt bekam, schon gekündigt werden sollte. Aber das war dann ja nicht mehr möglich. Aber es hat schon sehr weh getan. Besonders die Tatsache dass derjenige, der mir im Frühjahr die Kündigung aussprechen wollte, diese unangenehme Sache an einen seiner Untergebenen abtrat. Ich finde das feige. Sehr viele Menschen verhalten sich plötzlich anders. So auch eine Friseurin, die freudestrahlend auf mich zu kam, um mir zur Geburt zu gratulieren. Ich musste ihr dann erzählen, dass Felix gestorben ist. Die Hilflosigkeit, die mir dann begegnete, ist für mich jedes Mal wieder von neuem erstaunlich. Viele Menschen meiden mich auch einfach. Sie wissen wohl nicht, was sie sagen sollen...

In dieser Zeit habe ich Kontakt mit der Psychologin aufgenommen und sofort einen Platz bekommen. Auch noch heute gehe ich einmal in der Woche dorthin. Es ist sehr anstrengend, aber es tut mir gut. Der erste Beweggrund war, dass ich einem weiteren Kind nicht das Leben durch den toten Bruder schwer machen wollte. Ich will nie hören: Felix hast du viel lieber als mich. In der letzten Zeit ist noch viel mehr aufgetaucht, was aber zu persönlich ist. Vor nicht allzu langer Zeit hat sich eine Frau bei mir gemeldet, mit der ich im gleichen Geburtsvorbetreitungskurs war. Sie hat ihre Tochter in der 35. Woche tot zur Welt gebracht. Zwei Frauen aus einem Kurs...

Den Spruch, dass die Zeit alle Wunden heilt, habe ich am Anfang nicht ertragen können. Besonders, wenn er von anderen kam. Ich durfte ihn da schon eher gebrauchen. Und es stimmt fast, denn die Wunden vernarben allmählich. Es tut anders weh. Ich stürze immer wieder mal in ein Loch, aber die Löcher werden nicht mehr so tief und es geht schneller wieder hoch. Auch habe ich keine Angst mehr vor den Löchern, wenn es mir gut geht. Diese Traurigkeit gehört dazu. Ich sage eher: „Hallo, da bist du ja wieder." Überhaupt hat sich einiges in dieser Zeit verändert. Freundschaften haben sich verändert und neue sind entstanden. Sachen erscheinen mir heute unwesentlich und teilweise lächerlich, die früher wichtig waren. Auch war es schwierig zu akzeptieren, dass Dieter anders trauert als ich. Am Anfang habe ich geglaubt, er ist nicht so traurig wie ich. Heute weiß ich, das stimmt nicht. Aber er geht als Mann einfach anders damit um.

Ein halbes Jahr nach Felix' Tod habe ich so langsam richtig deutlich gemerkt, dass sich etwas ändert. Ich hatte einfach das Gefühl, Felix' Tod akzeptieren zu lernen. Es ist deswegen natürlich nicht gut! Aber es ist nun einmal so, und ich muss, kann und werde damit leben. Das andere, was in dieser Zeit aufgetaucht ist, ist ein Bild. In mir ist ein Raum und in dem ist Felix. Dieser Raum hat eine Tür und diese Tür kann ich öffnen und schließen, so wie ich es möchte. Und ich kann jederzeit zu Felix in den Raum gehen. Nach wie vor ist es aber schlimm für mich, schwangere Frauen zu sehen. Gehe niemals – zumindest am Anfang nicht – in große Einkaufsmärkte oder Möbelcenter. Dort versammeln sich irgendwie alle schwangeren Frauen und Mütter mit kleinen Babys der ganzen Region. Und das tut dann so richtig weh und man wird wütend, obwohl man es gar nicht will. Ich erfuhr, dass eine Frau, deren Tochter gesund zwei Tage nach Felix auf die Welt gekommen war, erneut schwanger ist. Das war einfach furchtbar für mich. Warum sie und nicht ich? Bin nicht ich jetzt erst einmal dran? Dieser Neid und diese Wut haben mich sehr erschreckt. Aber ich habe von anderen Mamis gehört, dass es ihnen genauso geht. Auch solche Gefühle gehören jetzt also zu mir...

Wichtig für uns war auch, dass Dieter und ich verabredeten, erst ein halbes Jahr nach Felix Tod laut darüber nachzudenken, wie es mit unserer Familienplanung weitergehen soll. So hatten wir ein halbes Jahr Zeit, nur um Felix zu trauern und uns in diesem plötzlichen neuen Leben – mit und doch ohne Felix – zurecht zu finden und liefen nicht Gefahr, uns durch eine neue Schwangerschaft davon abzulenken.

Redet über Eure Kinder und weint um sie! Auch wenn andere Menschen meinen, dass es doch eigentlich noch gar nichts zu betrauern gibt oder alles doch jetzt schon so lange her sei. Meine Großmutter hat auch ihren Sohn verloren und ist auch heute noch traurig. Die Traurigkeit wird immer bleiben, aber sie verändert sich. In dem Buch von Hannah Lothrop habe ich sinngemäß folgendes gefunden: *„...Ich habe 10 000 Tränen um mein Kind zu weinen. Ob ich sie jetzt weine oder später ist egal, aber sie müssen geweint werden!“*

☆ Mit lieben Gedanken an Christin – Über die Nähe besonderer Menschen

Mein Name ist Susanne und ich bin jetzt 37 Jahre alt. Ich habe im August 1990 meinen Sohn Pascal und im Februar 1994 meine Tochter Christin geboren. Ich möchte Ihnen ein paar Dinge erläutern, damit Sie besser verstehen können, warum bei uns einiges anders ist als in „normalen" Familien.

„...Wenn ich in fremden Gesichtern deines nicht suche. Dann, erst dann bist du wirklich gestorben..."

Meine Ehe war keine besonders gute Ehe. Letztendlich verstarb der Vater meiner Kinder, mein damaliger Mann, 1998 an Krebs. Wir haben erst neun Monate zuvor von dieser Krankheit erfahren und wussten auch von Anfang an, dass es keine Heilungschancen geben würde. Diese Zeit war für uns alle nicht leicht, und es tat mir einfach nur weh, dass ich einen Menschen so leiden sehen musste... Auch wenn alles nicht so gelaufen ist, wie es eigentlich hätte sein sollen. So etwas wünscht man niemandem! In der Zeit der Krankheit meines Mannes lernte ich einen lieben Menschen kennen, der uns viel half und uns unterstützte, wo er nur konnte. Vor allem in der Phase, als ich die meiste Zeit im Krankenhaus bei meinem Mann war, kümmerte er sich viel um die Kinder. Einfach so, er war da. Die Kinder mochten ihn von Anfang an. Ich will nicht viel drum herum reden, kurz nach dem Tode meines Mannes ist halt mehr aus uns geworden. Kurzum: Wir wurden alle wieder richtig glücklich, eine Familie fast wie aus dem Bilderbuch. Die Kinder blühten auf, waren wieder fröhlich und konnten lachen. Ach, was war das schön. Wir haben uns dann recht schnell für den Bau eines eigenen Hauses entschieden. Die Zeit, die andere hatten, um sich besser kennen zu lernen, hatten wir in unserem Alter irgendwie nicht mehr. Und wir waren uns ja so sicher, jetzt war für uns die Zeit des Glückes gekommen, denn auch mein jetziger Partner hatte schwere Zeiten hinter sich. Jedes Wochenende, jeden Urlaubstag verbrachten wir auf unserem Bau, und so konnten wir bereits im November 1999 in unser Häuschen einziehen. Als wir dann im Frühsommer 2000 die Außenarbeiten am Haus auch noch bewältigen konnten, war unser Glück perfekt. Nun könnten wir den Rest vom Sommer genießen, bevor dann Christin in die Schule kam. Ja, die Schule, auf die sie sich, unsere Maus, so sehr gefreut hatte. Aber es sollte alles anders kommen...

5. August 2000: Pascal und Christin hatten sich eine Woche nicht gesehen, denn Pascal war zu Besuch bei Verwandten. Natürlich hatten sich die beiden nach seiner Heimkehr eine Menge zu erzählen. Den ganzen Vormittag verbrachten die zwei zusammen, gingen in den Ort und besuchten die Oma. Gleich nach dem Mittagessen brachten wir alle zusammen Pascal in den Nachbarort, wo er an einem Zeltcamp teilnahm. Christin war traurig, sie wollte ja auch so gerne dort bleiben, aber sie war einfach noch zu jung dafür. Hätten wir sie bloß gelassen! Mittlerweile wieder zu Hause angekommen, verabredete sich unser Mäuschen mit ihrer Freundin aus dem Kindergarten. Mit den Worten: „Ich warte draußen auf meine Freundin", ging Christin vor die Tür. Das war nicht ungewöhnlich, das hatte sie öfter gemacht. Ihre Freundin wurde immer von ihrer Mutter zu uns gebracht. Und diese hat uns dann auch immer Bescheid gegeben, dass sie nun da waren. Nur dieses eine Mal nicht... Eigentlich wollten die beiden ja drinnen spielen am Nintendo, an den Christin sonst nicht heran darf, wenn Pascal zu Hause ist. Auch hatte Pascal seiner Schwester am Vormittag versprochen, mit ihr zu schnitzen. Er hatte sogar schon die kleinen Taschenmesser herausgesucht. Das wusste ich alles nicht, und Christin trug diese beiden kleinen Taschenmesser natürlich still und heimlich bei sich. So kamen die beiden Mädchen auf die unglückselige Idee, doch schon mal Holz zum Schnitzen zu suchen. Dafür sind sie zu der nur knapp 200 Meter von zu Haus entfernten Straße gegangen, die unser Neubaugebiet vom Wald trennt. Eine Straße, zu der Christin vorher noch nie ge-

gangen war. Beide sind einmal hinüber gelaufen und wieder zurück. Warum nur lief Christin noch ein weiteres Mal allein über diese Straße? Darauf werde ich wohl nie eine Antwort bekommen.

Sie lief dabei direkt vor ein Auto und wurde auf die Motorhaube geschleudert. Letztendlich lag Christin dann etliche Meter vor dem Wagen auf der Straße. Nur wenige Minuten später wurden wir von Nachbarskindern darüber informiert, dass Christin einen Unfall hatte. Ich war natürlich erschrocken, habe aber mit nichts wirklich Schlimmen gerechnet. Vielleicht ein Arm- oder Beinbruch. Ja sicherlich, im schlimmsten Fall. Denn ich vermutete sie ja hier bei uns in der Siedlung. Ich kann nicht beschreiben, was ich fühlte, als ich mein kleines Mädchen dann dort auf der Straße habe liegen sehen. Diesen Anblick werde ich wohl nie vergessen. Sie hatte da schon einen Kopfverband und war tief bewusstlos. Irgendwann kamen dann der Krankenwagen und der Hubschrauber zeitgleich. Es dauerte noch eine Ewigkeit, bis Christin transportfähig war und in eine Spezialklinik geflogen wurde. Wir packten sofort unsere Sachen und fuhren los. Im Krankenhaus angekommen, klärte man uns über die Schwere der Kopfverletzung auf. Schlagartig wurde uns bewusst: wenn Christin dies überhaupt überleben sollte, dann nur mit schwersten Behinderungen. Es wurde uns auch gesagt, dass sie nur diese Kopfverletzung hatte. Sonst nichts! Keine Knochenbrüche, keine inneren Verletzungen. So ein Irrsinn!

Noch während der OP stieg der Hirndruck so stark an, dass eine weitere Computertomographie notwendig wurde. Auf diesen Bildern war dann deutlich zu erkennen: Christin war hirntot. Diese Diagnose erhielten wir noch, bevor wir sie wiedersahen. Der Unfall geschah gegen 15.00 Uhr. Als ich meine Tochter gegen 21.30 Uhr sah, wusste ich bereits, dass sie tot ist... Ein vernichtender Schlag!

Wir sind noch einige Zeit bei ihr geblieben, aber dann nach Hause zu meinen Eltern gefahren. Ich konnte damals einfach nicht bei ihr bleiben. Heute bereue ich es so sehr. Was würde ich darum geben, sie noch einmal in den Armen halten zu können. Uns ist gesagt worden, dass zwei Tage später – also am Montag – Kontrolluntersuchungen gemacht werden, um die Diagnose zu bestätigen. Danach würden die Maschinen abgestellt werden. Ich konnte auch am Sonntag nicht zu ihr ins Krankenhaus fahren. Ich habe es einfach nicht geschafft. Aber alle zwei bis drei Stunden habe ich dort angerufen, um mich über ihren Zustand zu erkundigen. Es war immer eine Ärztin für mich zu sprechen. Alle haben sich ganz lieb um mich und um mein kleines Mädchen gekümmert. Egal, ob Ärzte oder Schwestern, sie waren alle so lieb zu uns.

Als wir am Montag gegen Mittag wieder ins Krankenhaus fuhren mit dem Wissen um die Bestätigung des Hirntodes, wurde uns auch eine Psychologin zur Seite gestellt. Es stand uns frei, diese Unterstützung anzunehmen. Diese Frau hielt sich auch sehr diskret im Hintergrund und es war gut zu wissen, dass da jemand war. Als die Maschinen abgestellt wurden, durften wir bei ihr sein. Jeder von uns hat eine Hand gehalten, dann war es vorbei. Mein kleines Mädchen ist tot.

Nun galt es noch die Obduktion von ihr abzuwenden. Unter Tränen bat ich den Staatsanwalt am Telefon, doch davon Abstand zu nehmen. Christin wurde nicht obduziert. Welche Erleichterung für mich. Denn sie war doch bis auf die Kopfverletzung völlig unversehrt, das sollte auch so bleiben. Auch die Unfallursache war klar – den Fahrer traf keine Schuld. Er hatte keine Chance gehabt, den Unfall zu vermeiden. Viele fragen sich jetzt wahrscheinlich: und was ist mit Organspende? Ja, das Thema stand natürlich auch im Raum, aber ich konnte mich nicht dafür entscheiden. Ich habe deshalb auch kein schlechtes Gewissen, denn das muss jeder für sich allein entscheiden. Ich konnte es nicht. Nach diesem Gespräch bin ich wieder zu meiner Tochter gegangen, die mittlerweile schon umgezogen und in einen separaten Raum gebracht worden war. Dort hatten wir Gelegenheit, uns von ihr zu verabschieden. Wir haben sie noch einmal aus dem Bett genommen und bei uns auf den Schoß gesetzt... sie gehalten und gedrückt.

Aber dann irgendwann konnte ich nicht mehr. Ich musste gehen! Die betreuende Schwester fragte noch, ob wir Fotos von ihr haben möchten. Ja, wir wollten welche und bekamen sie auch. Vielen Dank auf diesem Wege vor allem an diese eine Schwester, sie war selbst zu diesem Zeitpunkt schwanger und hat sich so liebevoll um meine Tochter Christin in ihren letzten Stunden gekümmert. Auch Dank an das gesamte Team dort, die leider an ihre medizinischen Grenzen kamen und unserem Engel nicht mehr helfen konnten. Aber wir hatten das Gefühl, dort sehr gut aufgehoben zu sein. Es waren alle unheimlich lieb zu uns und vor allem zu Christin! Sie wurde behandelt wie ein „normales" Kind, das wieder gesund werden würde. Obwohl ja alle wussten, dass sie keine Chance hatte.

Dann kam der schwere Weg nach Hause. Dort wartete Pascal, der eigentlich wusste, mit welcher Nachricht wir kamen. Aber irgendwie immer noch hoffte, dass es nicht so wäre. Unsere Nachbarn hatten wir schon am Tag zuvor informiert und sie darum gebeten, dass sie diese Nachricht doch weitergeben sollten. Wir wollten nicht, dass es im Dorf zu irgendwelchen Vermutungen käme und man uns fragt. So konnten wir uns auf das Wesentliche konzentrieren. Noch am selben Abend kam das ortsansässige Bestattungsunternehmen, dass auch schon die Beerdigung von meinem Mann organisiert hatte. Sie setzten alles in Bewegung, um Christin so schnell wie möglich zu überführen. Unter normalen Umständen hätte es sicher länger gedauert, aber sie haben alle Wege selbst erledigt, so dass Christin des nächsten Tages am späten Nachmittag wieder hier war. Auch an dieser Stelle noch einmal Danke für die liebevolle Betreuung! Irgendwie habe ich die Tage bis zur Beerdigung überstanden. Wie, kann ich nicht mehr sagen.

Alle haben sich unheimlich lieb um uns gekümmert. Pascal hat die Woche bis zur Beerdigung bei der Familie meines Lebensgefährten verbracht, er brauchte wohl jemanden zum Reden. Diese Familie versorgte uns auch mit Essen. Ich war nicht in der Lage, irgend etwas im Haushalt zu tun. Viele Menschen boten uns ihre Hilfe an – zum Teil brauchten sie auch selbst welche. Alle waren sie immer für uns da. Meine beiden Freundinnen kamen die ersten Tage immer abwechselnd, später riefen sie täglich an. Wenn ich wollte, durfte ich reden, weinen... Aber ich durfte auch sagen: „Nein, jetzt nicht." Das war eine große Hilfe. Auch im Bekanntenkreis oder bei den Nachbarn waren es nicht bloß leere Worte, die man so sagt. Jeder war für uns da, es war wirklich so gemeint. Eine liebe Nachbarin – Kirsten – habe ich in der ersten Zeit sicher sehr überstrapaziert. Irgendwie hat sie immer mit bekommen, wenn es mir mal wieder schlecht ging. Dabei ging es ihr auch nicht gerade gut. Ihre Tochter ging mit Christin in den Kindergarten, die beiden wären in die gleiche Klasse gekommen. Noch heute weinen wir manchmal zusammen um Christin oder um andere Kinder, die zu früh von dieser Welt gehen oder die einen schlimmen Unfall erleiden. Ich danke dir, liebe Kirsten, dass du mich in dieser schweren Zeit ertragen hast und immer für mich da warst! Es ist so unheimlich wichtig, über unsere verstorbenen Kinder zu reden, denn nur dann hat man das Gefühl, sie sind noch bei uns. Kurze Zeit nach dem Unfall zog eine weitere Familie direkt neben uns ein. Nach anfänglicher Scheu stellte sich ein freundschaftliches Verhältnis ein. Diese Nachbarin ist jetzt eine ganz große Stütze für mich. Sie haben Christin leider nie persönlich kennen lernen können und bedauern diese Tatsache sehr. Und doch trauern sie mit uns um unsere kleine Maus. Wie oft schon haben wir zusammen um Christin geweint, und ich weiß nicht, wie oft das noch so sein wird in den nächsten Jahren. Es tut so wahnsinnig weh, die Endgültigkeit zu erkennen. Christin nie wieder in den Armen halten zu können. Erst seitdem ich auf der Homepage der Autorin dieses Buches verweile, komme ich wieder einigermaßen zur Ruhe. Aber der Schmerz wird dadurch nicht weniger, nur anders.

Nun habt Ihr auch meine Geschichte lesen dürfen. Ich möchte Euch allen Mut machen, weiter zu kämpfen. Der Schmerz und die Trauer um ein Kind sind unendlich groß und nur schwer zu ertragen. Nehmt daher jede Hand, die Euch hingehalten wird – jede Hilfe, die Ihr bekommen könnt. Ich wünsche Euch allen von Herzen Kraft und Hoffnung für den neuen Tag.

☆ Das Geheimnis der Kerze – Eine besinnliche Geschichte

Es war ein wunderschöner Tag im Sternenkinderland. Überall blühten Blumen in den herrlichsten Farben. Schmetterlinge flogen umher. Und die Sonne zeigte sich von ihrer schönsten Seite und strahlte wie nie zuvor. Doch die kleinen Sternenkinder konnten sich heute an all diesen wundervollen Dingen nicht so recht erfreuen... Sie waren ganz aufgeregt!

„Habt ihr schon gehört?“ rief Christin in die Menge. „Unsere Erdeneltern haben ein Treffen.“ Was hatte das denn nur zu bedeuten? „Was?“ fragte Lars verschlafen – er brummelte ein bisschen, denn die anderen Sternenkinder hatten ihn wieder einmal geweckt. „Ein Treffen?“ hakte er nach. „Ja, wie soll das denn gehen?“ Lars winkte ab und streckte sich wohlig. „Woher weißt du das denn überhaupt? Das glaub ich nicht. Deine Erdeneltern wohnen doch so weit von meinen Eltern entfernt“, erklärte er. „Das kann ja wohl nicht wahr sein! In Erdenkilometern ist das eine lange, lange Fahrt. Die Erdeneltern können doch nicht einfach so von Ort zu Ort laufen – wie wir hier im Sternenkinderland von Wolke zu Wolke hüpfen können. Auf der Erde ist das nicht so einfach wie hier, und es braucht auch sehr viel Erdenzeit. Und sie haben ja nicht viel Zeit, sie sind ja ständig mit irgendwas Wichtigem beschäftigt. Ne, ne Christin. Wahrscheinlich hast du das heute Nacht geträumt. Und jetzt lass mich noch ein wenig schlafen. Ich habe die ganze Nacht gesteppt und getanzt. Ich bin müde.“ Und schon lag Lars wieder in seinem Himmelbettchen und versuchte, seinen Traum einzufangen, der durch die aufgeregt umher wirbelnden Sternchen verflogen war. Christin aber ließ sich nicht so leicht abschütteln...

„He, he! Du Schlafmütze, die Nacht ist längst vorbei! Wach endlich auf! Ich muss dringend etwas mit dir besprechen! Lars!!!“ Christin zog flink die Decke aus Lars Bettchen und schüttelte sie, so das ganz viele kleine Kristallfunkelsteinchen und Sternenstaubflöckchen auf die Erde hinab schwebten. „Ein Jammer“, seufzte die Kleine, „ein Jammer, dass die Erdenmenschen diese Schönheit nicht so sehen können wie wir hier oben." Sie wusste, dass sich die Flöckchen und Funkelsteinchen – die hier im Himmel so wunderschön glitzerten, leuchteten und tanzten – auf der Erde nur noch als große Regentropfen oder Schneeflocken ankamen. Das bedauerte Christin schon immer. Der Weg dahin war einfach so weit.

Lars stellte sich schlafend, eigentlich hatte er ja noch gar keine Lust, mit irgend jemanden zu sprechen. Aber er dachte nach. Soso, seine Christin hatte also wieder etwas unglaublich Wichtiges mit ihm zu besprechen. Wahrscheinlich sagte sie jetzt gleich wieder zu ihm, dass es von oberster Priorität und Geheimhaltung wäre, dieses Gespräch. Die beiden kannten sich ja eine Zeitlang, und solche Plapperstündchen hatten sie schon mehrere an der Zahl. Christin vertraute sich Lars immer an. Denn irgendwann geschah es so, als wäre er ihr Sternenkinderland-Bruder. Sie meinte, da er und sie selbst sich ja zu den größeren Sternen hier im Sternenkinderland zählten, hätten sie auch eine gewisse Verantwortung zu tragen.

„Lars! Bitte wach endlich auf!", rüttelte Christin ihn ungeduldig. Sie hüpfte um das Himmelbettchen herum und blinzelte der großen Sonne entgegen, dass sie ihr doch helfen möge, dieses Murmeltier endlich zu wecken. Die Sonne – sie liebte die Sternenkinder von Herzen – verstand und lächelte sogleich liebevoll und schickte ihre schönsten Sonnenstrahlen zu Lars. Direkt auf sein kesses Näschen, damit es ihn ordentlich kitzelte. „Gut, meine liebe Christin. Du hast gewonnen." Lars setzte sich auf und rückte sein Sternengewand zurecht, das ein wenig zerknittert war. „Nun sag mir schon, was ist denn so wichtig", zwinkerte er. Christin lächelte erleichtert. Nun konnte sie endlich erzählen. „Ich schwöre dir, ich weiß es genau!", erzählte die Kleine ganz aufgeregt. „Unsere Erdeneltern haben sich getroffen in einem großen Haus. Ich war gestern auf dem Botenturm, um mal wieder auf die Erde hinab zu schauen und um zu sehen, was es Neues bei meiner Erdenfamilie gibt. Naja, und da erschrak ich erst, denn sie waren nicht zu Hause. Aber ich fand sie schnell – die Erdenwelt ist für uns hier zum Glück ganz klein und leicht zu übersehen und und und ...“ Lars unterbrach Christin und sagte zu ihr: „Meine liebe Christin, sag mir bitte genau, worum es sich dreht. So kann ich dir nicht ganz folgen in deinen Gedanken.“ Christin war furchtbar aufgeregt. Bei jeder ihrer Bewegungen fielen vor lauter Freude kleine Glitzerperlen aus ihrem Sternengewand. Die anderen Sternenkinder wurden durch das Glitzern, Leuchten und Funkeln langsam aufmerksam auf die beiden und schauten neugierig zu.

„Was machen die zwei denn da drüben?“, flüsterte Marcel leise zu Julian. Marcel war schon recht lange im Sternenkinderland und er wusste eigentlich über alles Bescheid. Aber was hatten wohl Lars und Christin sich so Wichtiges zu sagen, dass die Kleine, so sehr aufgeregt, wie sie schien, immer wieder Sternenstaub verschüttete. Marcel schubste sanft seinen Freund Julian an. „Hey, nun schau doch mal, Julian! Da geht etwas vor sich...“, stellte Marcel mit wichtiger Miene fest und zeigte mit einer Sternenstrahlspitze in die Richtung, wo Lars und Christin so geheimnisvoll miteinander tuschelten. „Weißt du, was da drüben los ist?“ Fragend schaute Marcel seinen Sternenfreund Julian an. Julian war noch nicht so lange im Sternenparadies. Aber als er ankam, wurde ihm sogleich Marcel zu einem engen Vertrauten, er mochte ihn. Julians Lieblingsbeschäftigung war das Essen. Unglaublich, was der süße Sternenjunge alles futtern konnte in kürzester Zeit. Er war eine richtige Naschkatze geworden – alles mochte er: Sternenkinderlutscher, Regenbogenbonbons, Himmelsschokonüsse. Einfach alles. Schon richtige Pausbäckchen hatte Julian bekommen seit seiner Ankunft hier. Einst fragte ihn sein Sternenfreund, warum er denn soviel essen würde. Lächelnd erwiderte Julian, dass er das auf der Erde nie so wirklich konnte, denn er hatte eine Erdenkrankheit, die ihn oft müde machte. Ja, und nun genießt er sie eben, diese ganzen köstlichen Leckereien. Marcel verstand das nur all zu gut. Ihm ging es am Anfang nicht viel anders. Und der Sternenjunge freute sich so sehr, wenn er Julian von seinen Ausflügen durch die Sternenkindergalaxie immer eine neue Leckerei mitbringen konnte. Julian dankte es ihm stets. „Julian, nun hör doch mal auf zu futtern und schau doch mal. Komm lass uns flink zu Lars und Christin schweben“, sprach Marcel – neugierig geworden – zu seinem Freund. Gesagt, getan. Julian steckte sich rasch ein paar zuckersüße Sonnenmandeln in sein Sternengewand und dann huschten die Zwei mit dem Wind. Bei Lars und Christin angekommen, hörten sie die Kleine nur noch sagen: „... dies ist von oberster Priorität, lieber Freund Lars. Wir zählen zu den großen Sternen und es ist unsere Pflicht, auf die Kleinen acht zu geben.“ Da konnte nun Marcel nicht mehr inne halten vor Neugierde und es platzte aus ihm heraus: „Was gibt es denn so Wichtiges, ihr beiden?“

Lars und Christin erschraken zunächst, denn sie waren so in ihr Gespräch vertieft, dass sie die anderen Sternenkinder gar nicht bemerkt hatten. Dann lächelte Lars, ach, man kann sich doch wirklich auf die ganze Rasselbande verlassen. Das Sternenkinderland ist ja so riesig groß und bunt und es gibt so viel zu sehen und zu entdecken. Aber wenn die Sternenkinder einander brauchten, dann waren alle sofort beisammen. Das war schon immer so und das wird auch immer so bleiben. „Gut, dass ihr schon da seid. Es gibt Wichtiges von unseren Erdeneltern zu berichten. Trommelt alle Sternenkinder sofort zusammen, wir haben etwas zu besprechen“, betonte Lars. „Wirklich alle Sternenkinder?“, hakte Julian sofort nach. „Auch Kimberly und Nancy? Die Zwei sind doch wieder auf der Regenbogenrutsche und tollen dort herum. Und bis dahin ist es ganz schön weit zu schweben... “

„Wir brauchen alle Sternchen hier. Es ist wirklich wichtig“, erwiderte Lars noch einmal. „Genau, oberste Priorität!“, setzte Christin aufgeregt hinzu. „Lars schwebt nach Norden, ich nach Süden, Julian nach Westen und Marcel nach Osten. Gebt allen Sternenkindern Bescheid. Wir treffen uns auf dem Botenturm – in genau einer Wölkchenstunde. Also genau dann, wenn die Sonne in Richtung Zauberwald strahlt. Alles klar?“ Die Sternenfreunde nickten aufgeregt und – husch – schwebten sie davon. Das musste ja wirklich sehr wichtig sein. Denn auf dem Botenturm trafen sich die Sternenkinder nur, wenn es um die Erdenfamilien ging...

Der Botenturm war ein sehr wichtiger Platz, es war den Sternenkindern möglich, von dort ihren lieben Erdenfamilien ganz nahe zu sein und ihnen zuzuschauen. Marcel hatte einmal allen kleineren Sternchen erklärt, dass der Botenturm im Sternenkinderland zu vergleichen ist mit den Herzen der Erdeneltern. Es ist ein Ort, wo man jedem, den man ganz doll lieb hat, ganz nah sein kann. Egal, wie weit der andere auch entfernt sein mag – das spielte dann gar keine Rolle. Oh, nun könnt Ihr Euch ja vorstellen, was für eine Aufregung im Sternenkinderland herrschte... Es dauerte gar nicht lang und der Botenturm erstrahlte in seiner schönsten Pracht. Überall schwebten und tollten die Sternenkinder herum. Und durch ihre Bewegungen leuchtete es in den schönsten, prächtigsten Farben und es glitzerte und funkelte sehr. Ja, und die Sonne, die ihre Sternenkinder so liebte, küsste jedes einzelne Sternchen liebevoll aufs Näschen. Es war ein Bild wie im schönsten Traum. Felix schaute erstaunt. Er war einer der ersten Sternchen, die am Botenturm angekommen waren. Er konnte besonders schnell schweben und war obendrein geschickt und wendig. Immer wieder und wieder kamen neue Sternenkinder hinzu. Alles war in heller Aufregung. Überall flüsterten, staunten, rätselten und tuschelten die Sternchen miteinander... Was war da nur los im Sternchenparadies?

Lars räusperte sich. Er hielt seine Christin an einem Sternenstrahl fest und schwebte mit ihr ganz nach oben auf den Botenturm. So konnten ihn alle Sternenkinder leicht erblicken. Plötzlich wurde es mucksmäuschenstill – eine riesengroße Anspannung, wohin man auch schaute. „Ihr lieben Sternchen!“, begann Lars, „es ist schön, dass ihr endlich alle angekommen seid. Wir möchten euch heute etwas ganz Besonderes zeigen. Lasst uns alle gemeinsam einen Blick auf die Erde werfen zu unseren lieben Erdeneltern, denn viele von ihnen treffen sich heute, um über uns zu sprechen. Heute bekommt also jeder von uns einen neuen, besonders schönen Sternenstrahl geschenkt...“ Wieder gab es überall unruhiges Gemurmel – überall blitzten kleine Sternchen auf vor lauter Aufregung. „Lasst es uns erklären. Immer wenn Erdeneltern lieb an ihr Sternenkind denken oder von ihm sprechen, dann bekommt dieses Sternenkind einen neuen, besonders schönen Sternenstrahl...“. „So ein Quatsch!“, riefen zwei klitzekleine Sternchen hinein in die Menge. „So ein Quatsch! Unsere Erdenmama hat nur ganz selten von uns gesprochen und wir haben trotzdem schon viele wunderschöne Strahlen!“ Lars musste schmunzeln. „Ja“, lächelte Lars aufmunternd, „das liegt dann daran, dass sie vielleicht wenig von euch spricht, aber doch in ihrem Herzen einen festen Platz für euch hat und lieb an euch denkt. Man muss nicht immer allem Worte geben – und der Weg des Herzens ist auf der Erde etwas Wunderbares, Besonderes. So schön, dass es der einzige Weg zu sein scheint, über den man uns Sternenkinder hier erreichen kann. Aber all das werdet ihr zwei mit der Zeit schon lernen.“

„Aber, aber, aber...“ das kleine Pünktchen hüpfte hin und her und konnte sich gar nicht beruhigen. „Aber wie ist das denn dann mit mir?“, fragte sie traurig. „Ich bin doch nun auch schon eine ganze Weile im Sternchenparadies und ich bin immer noch so klitzeklein. Haben mich denn meine Erdeneltern nicht mehr lieb? Denken sie nicht an mich?“

„Ach kleines Pünktchen...“, erwiderte sanft Christin, „das haben wir doch schon einmal besprochen. Natürlich haben dich deine Eltern sehr lieb und sie denken auch an dich. Aber dein Sternengewand ziehst du doch an, wenn du hier Einzug hältst im Paradies. Und du behältst es an für alle Zeiten. Daran kann man dich erkennen, das ist einmalig. Kein Stern gleicht dem anderen. Schau doch nur. Es ist nur so, das du als klitzekleines Erdenmenschlein damals geboren wurdest. Und so bist du dann auch hierher gekommen und klitzeklein geblieben. Sehr viel ändern wird sich deine Sternengröße nicht. Aber das macht überhaupt nichts aus, das ist nicht schlimm. Die wirkliche Größe deines Sternenumfanges sagt nicht viel aus, sie ist gar nicht so wichtig. Die Liebe kannst du allein nur erkennen an der Zahl deiner Strahlen und an dem Glitzern und Funkeln an dessen Enden und nicht an deiner eigentlichen, sichtbaren Größe. Verstehst du? Und schau nur! Du hast viele Strahlen und funkelst wunderschön. Und für deine Erdeneltern bist du sowieso der schönste, größte und wunderhübscheste Stern, den es für sie allein gibt. Denn sie sehen dich mit den Augen der Liebe – da spielt sichtbare Größe so gar keine Rolle. Kannst du das verstehen?"

„Ja", ermunterte Nancy die Kleine, „das stimmt wirklich. Schau uns doch nur an. Wir sind doch alle wunderschön." Jetzt musste selbst Kimberly lächeln. Auch sie hatte ja damals diese Sorge in sich getragen. Oh, wie waren alle Sternenkinder glücklich und zufrieden. Überall funkelte es und glitzerte es – ach, das war ein Festtag im Sternchenparadies. Lars und Christin umarmten sich glücklich mit ihren neuen, wunderschönen Sternenstrahlen und schauten vergnügt den anderen Sternchen zu.

Plötzlich flüsterte Lars ganz leise zu seiner Sternenfreundin: „Sieh doch nur, Christin, sieh doch nur. Da! Da hinten!" Christin konnte ihm gar nicht folgen, so aufgeregt schien Lars plötzlich zu sein. „Was ist denn nur los, lieber Freund? Was bedrückt dich plötzlich? Alle hier freuen sich doch...". „Nein, nicht alle freuen sich, Christin. Schau nur, ich kann es gar nicht glauben. Da hinten am See der Träume... da siehst du... da sitzt ein Sternchen ganz einsam. Ganz in sich zusammen gekauert und so ganz ohne Glanz und Glitzer und es hat nur so wenig Strahlen. So wenig, das ich sie von hier aus zählen kann... eins, zwei, drei... Auf der Erde würde man sagen, es sei grau. Welch ein trauriger Anblick..." Christin konnte es kaum glauben. Gibt es tatsächlich ein Sternenkind, das von seinen Erdeneltern nicht mehr geliebt und vermisst wird? Bemüht, das arme Sternchen zu erblicken, hielt sie eifrig Ausschau. Da entdeckte auch sie nun den kleinen, traurigen Stern. Sofort schmiegte sie sich enger an ihren Freund Lars. Oh, wie war ihr das unheimlich. Fernab ihrer Vorstellungskraft – und doch sah sie den Kleinen ganz genau. Er war einfach vergessen worden. Wie ungerecht, wie traurig, wie...

„Sag, Lars! Sag doch, was können wir tun? Kein Sternchen soll im Sternenkinder-Paradies traurig sein müssen, nur weil ihn die Erdeneltern aus ihrem Herzen verbannt haben. Unser Sternenkinderland ist doch ein Ort des Lachens, des Spielens, des Fröhlichseins. Und wir sind füreinander da. Was können wir tun?“ „Nun“, überlegte Lars, „nun, da gibt es nur eines, was wir tun können. Wir müssen Erdenmenschenherzen finden, die bereit sind, an dieses kleine verlorene Sternchen zu denken.“ Lars versuchte, seine Sternenfreundin zu beruhigen. „Christin, pass nur auf! Das kriegen wir schon gemeinsam hin.“ Lars nahm all seinen Mut zusammen und sprach zu den Sternenkindern: „Hört gut zu, ihr lieben Sternchen! Wir müssen jetzt gemeinsam hinab auf die Erde schauen zu unseren Erdeneltern und ihnen Wind, Sonne, Regen und Schneeflocken schicken. Das sind unsere Zeichen! Dann wissen sie dort unten, dass auch wir an sie denken und sie vermissen. Wenn wir es schaffen, unseren Erdeneltern zu zeigen, dass jeder von uns sich ein brennendes Kerzlein wünscht, dann wäre das ein großes Geschenk. Denn mit dem Erleuchten einer Kerze erhellt sich der Glanz unseres Sternengewandes. Dann glitzern wir und funkeln noch viel, viel mehr als sonst, denn wir werden gesegnet mit unendlicher Liebe. Also gebt euer Bestes und bemüht euch bitte sehr. Es ist wichtig.“

„Was hatte das nun wieder zu bedeuten?“, fragte sich Felix und schaute in die Runde. Die Sternchen bemühten sich nach besten Kräften, es war mucksmäuschenstill. Alle waren so sehr gespannt. Und so geschah auf der Erdenwelt etwas Wundersames... Auf einmal wehte ein kräftiger Wind, genau dort, wo sich die Sternenkindeltern trafen. Dann war es wieder ruhig. Es fielen sogar ein paar Regentropfen und die schienen fast zu Schneeflocken werden zu wollen, so kalt wurde es mit einem Mal. Dann schien auch wieder die Sonne... und so ging es immer fort. Gespannt blickten die Sternchen zu ihren Erdeneltern. Die Wölkchenstunden vergingen und auf der Erde war mittlerweile ein neuer Tag angebrochen. Würden die Erdeneltern ihren Wunsch wohl verstehen? Julian wurde unruhig, hatte er doch seinen ganzen Proviant an Sonnenmandeln verputzt. Und auch Lars hüpfte ungeduldig hin und her. Viel lieber würde er wieder steppen und tanzen. Doch er wusste, wie wichtig es war. Das arme, kleine vergessene Sternchen saß ja immer noch traurig und glanzlos am See der Träume.

„Da!“, rief plötzlich Marcel ganz aufgeregt. „Da, seht doch nur! Unsere Erdeneltern denken an uns, und schenken uns Kerzenlicht, damit wir uns an ihrem Glanze so richtig erfreuen können. Oh, wie schön!“ Jetzt plauderten alle Sternenkinder ganz aufgeregt durcheinander. Jeder suchte nach dem besten Platz, um auf die Erde hinab zu sehen. Denn jedes Sternchen wollte sein Kerzlein sehen und sich in seinem besonderen Glanze spiegeln. Oh, was war das für eine große Freude! Christin umarmte mit all ihren Strahlen ihren lieben Freund Lars. „Danke, mein lieber guter Freund. Es ist wunderschön. Alle glitzern und funkeln. Ich habe es noch nie so gesehen, ich muss wohl träumen.“ „Nein“, sagte Lars leise, „du träumst ganz bestimmt nicht, liebe Christin. Denn Kerzenlicht ist neben der Sonne das einzige Licht, das uns hier oben erreichen kann. Und weil die Erdeneltern dort unten heute gemeinsam so viele liebe Gedanken an uns schicken, spüren wir nicht nur die Kraft der Liebe, sondern auch die der Freundschaft. Und das macht den Glanz hier und das Leuchten erst so wunderschön.“

„Ach Lars, aber unserem einsamen Freund dort drüben am See kann es wohl nicht viel nützen. Er ist ja immer noch ganz traurig und glanzlos“, flüsterte Christin. „Ja“, seufzte Lars, „ich sehe es auch. Ich denke mal, die Erdeneltern dieses Sternchens sind nicht mit auf dem Treffen. Es gibt wohl niemanden, der eine Kerze für ihn angezündet hat. Und es gibt wohl niemanden, der liebevoll an ihn denkt und ihm damit Glanz und Strahlen schenken kann." Christin und Lars wurden ganz still... Aber auf einmal... „Doch! Doch, ich weiß wie das geht!", hüpfte Christin aufgeregt hin und her. „Lieber Lars, wir müssen noch einmal alle ganz nahe aneinander rücken und Sonne, Wind und Regen auf die Reise schicken. Wenn schon nicht die Erdeneltern des armen, kleinen Sternchens für uns erreichbar sind, dann müssen wir eben unsere eigenen Erdeneltern darum bitten, dass sie ab sofort immer eine Kerze für alle Sternenkinder hier entzünden. Dann bekommt auch der Kleine da drüben endlich Strahlen und Glanz und Funkeln, dann wird auch er geliebt." Lars überlegte. Es schien einleuchtend zu sein, was Christin ihm da sagte. Also nahm er noch einmal seinen ganzen Mut zusammen und erklärte es allen Sternenkindern...

Und wieder geschah etwas Wundersames. Die Erdeneltern hatten verstanden und zündeten mit all ihrer Liebe ein Kerzlein für alle Sternenkinder an! Ach, dieses Funkeln, diesen Glanz im Sternenkinderland. Es war unbeschreiblich.

Nie gab es je so etwas Wunderschönes zu sehen. Der arme kleine vergessene Stern bekam ganz neue Kraft und das Licht der Kerze, das schien so hell! Jedes einzelne Sternchen konnte sich verzückt im Licht spiegeln und bestaunen. Was war das für ein Fest, was für eine Freude.

„Siehst du“, flüsterte Christin liebevoll zum kleinen Pünktchen, „da sieht man es mal wieder ganz deutlich. Schau dir nur diese kleine Kerze dort unten auf der Erde an und was für Glück und Freude sie uns durch ihr Leuchten bringt...

Nicht auf die Größe kommt es an. Allein die Liebe und die Freundschaft zählt!“

Abschließende Worte und ein Dank

Heute ist ein großer Tag für mich, ich schreibe die letzten Worte meines Buches. Vor drei Jahren begann ich aus einem tiefen Gefühl der Erschütterung heraus, die ersten Zeilen zu formulieren. Viele Menschen fragten mich seitdem nach meinen Gründen. Manche zweifelten an mir, laut oder auch leise, ob ich es jemals schaffen würde, etwas zu bewegen. Andere wiederum wünschten mir von Herzen Erfolg für mein, nach ihren Worten, so ungeheuer wichtiges Projekt. Sie sahen sich aber dennoch nicht in der Verfassung, mir dabei auch nur ein wenig behilflich zu sein. Obwohl es mit Sicherheit ein leichtes für diese Menschen gewesen wäre. Traurige Tage waren das. Ich habe einiges lernen dürfen, aber auch vieles lernen müssen auf meinem Weg hierher. Ich habe verstanden, was es bedeutet, über ein Tabu zu sprechen, etwas zu verändern und an alten Gewohnheiten zu rütteln. Immer wieder treffen mich vorwurfsvolle Blicke und abwertende Worte tief, weil ich es wage, eingestaubte Sichtweisen zu hinterfragen. Viele Dinge in meinem Leben haben nun eine völlig neue Perspektive. So manches hat sich in meinem Denken und Handeln gewandelt.

Es ist wichtig, alles aufgeschrieben zu haben. Nichts davon wird Schmerz oder Sehnsucht ersparen. Geschehenes kann niemand ungeschehen machen. Und ich darf nicht erwarten, dass nun das Schweigen und die Ignoranz überall gebrochen sind. Aber ich wünsche mir aus tiefstem Herzen, den Lesern dieses Buches einige Anregungen geschenkt zu haben. Damit ließe sich sicherlich eine fruchtbare Diskussion eröffnen. Mein Buch ist lange nicht perfekt, und eigentlich kann ich es nie wirklich fertig stellen. Aber es ist, so hoffe ich, ein deutliches Zeichen.

Es ist mir wichtig, all denen zu danken, die mir hilfreich zur Seite standen. Menschen, ohne die es mir vielleicht gar nicht möglich gewesen wäre, Mut, Kraft und Durchhaltevermögen zu bewahren. Mein Dank gilt in erster Linie den Familien, die auf so unkompliziierte Art und Weise eng mit mir zusammengearbeitet haben. Diese besonderen Begegnungen und Gespräche werden mir immer in Erinnerung bleiben. Weiterhin danke ich Denise, Friederike und Ingo für die kreative, inspirierende und manchmal richtig mutmachende Unterstützung. Ohne Euch hätte ich es nie geschafft. Danke meinen Freundinnen Laura und Diana und meinem lieben Mann Norman. Ihr wart mir in der doch sehr langen Zeit des Schreibens durch eure Nähe, Geduld, Ehrlichkeit und Offenheit eine große Stütze und habt mir nicht nur den Rücken gestärkt, sondern oft auch freigehalten. Ein großes Dankeschön auch an Sylvia Noske vom Clavis Verlag. Sie ist meinem Anliegen, über solch eine schwierige Thematik zu schreiben, offen und stark begegnet. 250 andere Verlage hatten diesen Mut nicht. Auch der Ruth-Kreitz-Stiftung gebührt mein Dank. Lieben Dank auch all den anderen Menschen, die immer an mich geglaubt haben. Es wären einfach zu viele, sie hier einzeln aufzuzählen. Ich hoffe, keinen davon enttäuscht zu haben.

Dieses Buch wurde in enger Zusammenarbeit mit aktiven Mitgliedern des LaLeLu–Projektes (www.lalelu-homepage.de) erstellt. Das Autorenhonorar fließt in den Erhalt und die Weiterführung von LaLeLu. Unser Projekt wird seit 2002 von dem Förderverein der Städtischen Kliniken Frankfurt am Main-Höchst unterstützt. Wir sind in all unseren Aktivitäten dringend auf Spendengelder angewiesen.

Empfänger:	**Förderverein der Städtischen Kliniken**
Kontonummer:	**160 10 707**
Bankleitzahl:	**500 922 00 (Volksbank Main-Taunus)**
Stichwort:	**LaLeLu**

Ansprechpartner für Trauernde und Begleitende

Aeternitas e.V.
Verbraucherinitiative Bestattungskultur; Ratgeber und Beratung über Kosten und Rechte im Trauerfall; Förderung moderner Trauerkultur

Kontakt: Aeternitas, Im Wiesengrund 57
in D-53639 Königswinter,
Telefon 02244/92 537 oder
Internet www.aeternitas.de

Appella
Informations- und Beratungstelefon; Information und Beratung zu Verhütung, Schwangerschaft, Kinderlosigkeit etc. mit Ausbildung und beruflicher Erfahrung im sozialen Bereich. Appella ist unabhängig und konfessionell neutral

Kontakt: Appella, Postfach 1904 in CH-8026 Zürich,
Internet www.appella.ch

Begleitung in Leid und Trauer
Betreuung von direkt betroffenen Angehörigen Kranker, Sterbender und Verstorbener; Notfallintervention und Ausbildung von Pflegepersonal; fachliche Unterstützung und fachspezifische Fortbildung; familientherapeutische Unterstützung; Sensibilisierung der Öffentlichkeit; Koordination und Kooperation mit anderen Fachstellen aus dem sozialen, medizinischen und kirchlichen Bereich

Kontakt: Begleitung in Leid und Trauer,
Zielstr. 5 in CH-8400 Winterthur;
Internet www.leidundtrauer.ch

Bund Deutscher Hebammen e.V.
Verbund der Hebammen; Informationen über Hebammenarbeit; Adressen von Hebammen

Kontakt: Ellen Grünberg und Regine Knobloch bei BDH e.V., Gartenstr. 26 in D-76133 Karlsruhe, Telefon 0721/98189-0 oder Internet www.bdh.de und www.hebammenverband.de

Deutscher Kinderhospizverein e.V.
Begleitung von Familien mit lebensbegrenzt erkrankten Kindern; Trauerbegleitung; Seminare für Betroffene und fachlich Interessierte; Vernetzung der ambulanten Hospizarbeit in Deutschland

Kontakt: Martina Lehmann bei Kinderhospizverein, Bahnhofstr. 7 in D-57462 Olpe, Telefon 02761/969 555 oder Internet www.deutscher-kinderhospizverein.de

Domino
Zentrum für trauernde Kinder e.V.; Trauerarbeit mit Kindern und Jugendlichen; unterstützende Gruppe für trauernde Kinder

Kontakt: Christel Gattinger-Kurth bei Domino, Auf dem Broich 24 in D-51519 Odenthal, Telefon 02174/43 99 oder Internet www.zentrakin.de

Engelskinder
Begleitung für Eltern mit Fehl- und Totgeburt bzw. SIDS

Kontakt: Katharina Bavero bei Engelskinder, Dettenriederstr. 34 in CH-8484 Weisslingen, Internet www.engelskinder.ch

FrauenGesundheitsZentrum

Beratungsstelle für Frauen und Familien; Beratung für Frauen, Schwangere und Eltern mit Kleinkindern; anerkannte Schwangerschaftskonfliktberatung; Selbsthilfegruppen; Geburtsvorbereitung für Eltern, die ein Kind verloren haben.

Kontakt: FGZ, Neuhofstr. 32 H in D-60318 Frankfurt am Main,
Telefon 069/59 17 00 oder
Internet www.fgzn.de

GEPS Deutschland e.V.

Gemeinsame Elterninitiative Plötzlicher Säuglingstod; Betreuung und Information von betroffenen Eltern und deren Familien nach dem plötzlichen und unerwarteten Tod ihres Babys; Fortbildung von Berufsgruppen für ein adäquates Verhalten in der Akutsituation des Verlustes und die Vorstellung von Präventionsmaßnahmen

Kontakt: Simone Beardi bei GEPS,
Rheinstr. 26 in D-30519 Hannover,
Telefon 0511/8 38 62 02

Hebammen-Gemeinschaft Zürich

Verarbeitung von traumatisch erlebten Geburten; aktive Trauerbegleitung nach Fehl- oder Totgeburten u.a.

Kontakt: Margit Maurer bei Hebammen-Gemeinschaft,
Lehensteig 7 in CH-8037 Zürich,
Internet www.hebammengemeinschaft-zh.ch

Hilfe für verwaiste Eltern

Kontakt: Dragana Wrusch bei Hilfe für verwaiste Eltern;
Zaina 51 in A-3464 Hausleiten,
Telefon 02265/6108 oder 0699/1259 8312

Initiative Regenbogen <<glücklose Schwangerschaft e.V.>>
Kontaktkreis für Eltern, die ein Kind durch Fehlgeburt, Frühgeburt, Totgeburt oder kurz nach der Geburt verloren haben; Aufbau einiger regionaler Selbsthilfegruppen; Aufklärungs- und Öffentlichkeitsarbeit

Kontakt: Martina Severitt bei Initiative Regenbogen,
Hillebachstr. 20 in D-37632 Eimen oder
Internet www.initiative-regenbogen.de

Kinderkrankenpflege-Netz im Internet
Umfangreiches Linkverzeichnis; Stellenangebote; Fortbildungstermine; Fachtexte zu allen Themen der Kinderkrankenpflege, auch zu Sterben und Tod

Kontakt: Andreas Plate im
Internet www.kinderkrankenpflege-netz.de

Kindernetzwerk e.V.
Für kranke und behinderte Kinder und Jugendliche; vernetzende Institution für betroffene Eltern von Kindern und Jugendlichen mit chronischen Erkrankungen, Entwicklungsverzögerungen und Behinderungen; deutschlandweit einmalige Datenbank

Kontakt: Raimund Schmid bei Kindernetzwerk,
Hanauer Straße 15 in D-63739 Aschaffenburg,
Telefon 06021/1 20 30 oder
Internet www.kindernetzwerk.de

KOSCH
Koordination und Förderung von Selbsthilfegruppen in der Schweiz; Information zu Selbsthilfegruppen; Koordination und Vernetzung

Kontakt: KOSCH, Laufenstr. 12 in CH-4053 Basel,
Telefon (Infoline) 0848/810 814 oder
Telefon (Geschäftsstelle) 061/333 86 01 oder
Internet www.kosch.ch

LaLeLu

Kontaktkreis für trauernde Familien aus Deutschland, Österreich und der Schweiz; aktive Aufklärungs- und Öffentlichkeitsarbeit; Führung einer Datenbank für Selbsthilfegruppen und Krankheitsbilder; Errichtung von regionalen Gesprächsgruppen

Kontakt: Eileen und Norman Kappeler bei LaLeLu,
Nidderwiesenweg 19 in D-61130 Nidderau,
Telefon 06187/994788 oder
Notfalltelefon 0174/7955203 oder
Internet www.lalelu-homepage.de

Leere Wiege

Gesprächskreis für Frauen und Männer, die ein Kind durch Fehlgeburt, Totgeburt oder Neugeborenentod verloren haben.

Kontakt: Heike Brüggemann bei Leere Wiege, Vinzenz-Pallotti-Hospital, Vinzenz-Pallotti-Str. 20-24 in D-51429 Bensberg,
Telefon 02204/410

Leona

Verein für Eltern chromosomal geschädigter Kinder e.V.; Hilfe von Eltern für Eltern; Informationen über verschiedene Krankheitsbilder; Kontaktvermittlung; Trauerbegleitung; Begleitung bei und nach Schwangerschaftsabbruch

Kontakt: Leona, Auf dem Klei 2 in D-44263 Dortmund,
Telefon 0231/4 27 17 37 oder
Internet www.leona-ev.de

Pütz und Roth

Bestattungen im individuellen Rahmen; Begleitung für trauernde Menschen; Öffentlichkeitsarbeit

Kontakt: Fritz Roth und Thomas Flörchinger bei Pütz und Roth,
Kürtener Str. 10 in D-51465 Bergisch Gladbach,
Telefon 02202/93 580 oder
Internet www.puetz-roth.de

Selbsthilfegruppe für verwaiste Mütter und Väter

Kontakt: Margit Klarisch bei SHG für verwaiste Mütter und Väter, Werner-Berg-Gasse 6 in A-9020 Klagenfurt,
Telefon 0463/262 127

Sternschnuppe

Gesprächskreis von Betroffenen, deren Schwangerschaft mit dem Tod des Kindes endet bzw. wenn das Kind stirbt. Ort der Treffen ist Leverkusen-Opladen, Berliner Platz 3

Kontakt: Jürgen Kempf bei Sternschnuppe,
Von-Galen-Str. 74 in D-51063 Köln,
Telefon 0221/640 50 20 (ab 18.00 Uhr)

TABEA e.V.

Beratungsstelle für verwaiste Eltern und Trauernde; Therapie und Seelsorge; Meditation, Trauergruppen und Seminare; Rückbildungskurse für verwaiste Mütter; Unterstützung bei Kinderbestattungen; Beratung und Anleitung von Angehörigen sterbender Menschen; Fort- und Weiterbildung im Bereich Trauerbegleitung

Kontakt: Annette Bornemann bei TABEA,
Breitscheidplatz in D-10789 Berlin,
Telefon 030/495 57 47 oder
TABEA,
Rehrweg 6 in D-21335 Lüneburg,
Telefon 04131/73 30 77 oder
Internet www.TABEA-eV.de

Trauerbegleiterin Chris Paul

Trauerbegleitung; Vernetzungsstelle für Menschen, die Trauerbegleitung oder auch eine Trauerbegleitausbildung suchen

Kontakt: Chris Paul,
Josefstr. 17 A in D-53111 Bonn,
Telefon 0228/684 66 91 oder
Internet www.chrispaul.de

Trauerbegleiterin Heike Brüggemann

Einzelbegleitung bei Fehl- und Totgeburt, Neugeborenentod und Kindern, die behindert oder nicht lebensfähig sind; Begleitung nach Schwangerschaftsunterbrechung

Kontakt: Heike Brüggemann,
Postfach 68 03 55 in D-50706 Köln,
Telefon 0221/47 47 710 oder
Internet www.heike-brueggemann.de

Trauernetz

Virtueller Trauerraum im Internet; Netzwerk von Trauergruppen im deutschsprachigen Raum; Literaturhinweise und Buchbesprechungen; Veranstaltungsdatenbank; Kommunikationsmöglichkeiten für Betroffene und Helfende

Kontakt: Carmen Berger-Zell bei Trauernetz,
Hans-Böckler-Str. 7 in D-40476 Düsseldorf,
Telefon 0211/4562-275 oder
Internet www.trauernetz.de

Trauerwelten e.V.

Seminare für trauernde Erwachsene; Seminare für trauernde Kinder und Jugendliche; Reisen für Trauernde; Gedenkfeiern; Supervision; Krisenintervention

Kontakt: Pater Tobias Titulaer bei Trauerwelten e.V.,
Ittmecker Weg 4 in D-59872 Meschede,
Telefon 0291/82 85 8 oder
Trauerwelten e.V.,
Käthe-Kollwitz-Str. 8 in D-99734 Nordhausen,
Telefon 03631/973810 oder
Internet www.trauerwelten.de

VEID

Bundesverband Verwaiste Eltern in Deutschland e.V.; Trauerbegleitung für verwaiste Eltern und trauernde Geschwister; Trauerberatung; regionale Trauergruppen; Seminare und Fortbildungsmöglichkeiten; Therapieangebote

Kontakt: VEID, Fuhrenweg 3 in D-21391 Reppenstedt,
Telefon 04131/ 6 80 32 32 oder
Internet www.veid.de

Verein Kinderbegleitung

Pflege kranker Kinder in der gewohnten heimischen Umgebung; Begleitung des kranken Kindes ins Krankenhaus

Kontakt: Frau Schausberger und Frau Lehner bei Verein Kinderbegleitung, Ungenach 51 in A-4841 Ungenach;
Telefon 07672/8484 oder
Internet www.kinderbegleitung.org

Verein Regenbogen Schweiz

Selbsthilfevereinigung in Anlehnung an „The Compassionate Friends“ von Eltern, die um ein verstorbenes Kind trauern; Unterstützung der Arbeit bestehender Selbsthilfegruppen; Erfahrungsaustausch zwischen den Gruppen; Gründung weiterer Selbsthilfegruppen; Fortbildung der Mitglieder, die eine Verantwortung in der Gruppe übernehmen; Öffentlichkeitsarbeit; Herausgabe von Informationsblättern und Zeitschriften des Vereins; Unterstützung von Mitgliedern, die präventiv tätig sein wollen; Zusammenarbeit mit Personen und Stellen, deren Arbeit einen Zusammenhang mit den Betroffenen hat; Kontakte zu gleichgesinnten, ausländischen Organisationen

Kontakt: Ursula Beerli bei Verein Regenbogen,
Glärnischstr. 11 in CH-8632 Tann,
Telefon 055/241 15 05 oder
Internet www.verein-regenbogen.ch

Zurück ins Licht

Gesprächskreis für Eltern nach dem Verlust ihres Babys bei Fehlgeburt, Totgeburt, Tod kurz nach der Geburt. Diese Gruppe ist an die Initiative Regenbogen angeschlossen.

Kontakt: Gabriele Ristow-Leetz bei Zurück ins Licht,
Böcklinstr. 6 in 60596 D-Frankfurt am Main,
Telefon 069/63 24 40 oder
Martina Tauber bei Zurück ins Licht,
Auf der Schanze 61 in D-61352 Bad Homburg,
Telefon 06172/45 91 81

Literaturempfehlungen

Abschied von Rune
Marit Kaldhol
ISBN 377076272X
Ein Buch über den Tod des besten Freundes, der beim gemeinsamen Spiel am Wasser ertrunken ist. Behutsame Darstellung mit wundervollen Bildern.

Beim Sterben von Kindern
Arie Boogert
ISBN 3878384858
Zum Rätsel des frühen Todes eines Kindes durch schwere Krankheit möchte dieses Buch nicht nur primär betroffenen Eltern Hilfe anbieten, sondern auch Familienangehörigen und allen, die mit der Pflege von sterbenden Kindern zu tun haben.

Bunter Schmetterling und schwarzer Vogel
Edda Reschke
ISBN 3784031706
Ziel des Buches ist es, gemeinsam mit Kindern das Sterben und Abschied nehmen zu erlernen. (mit Ausmalvorlagen)

Das westliche Totenbuch
Irene Dalichow
ISBN 3442336422
Die Fachjournalistin Irene Dalichow trägt vieles zusammen, das helfen kann, mit dem Tod gelassener, würdevoller und verständnisvoller umzugehen. Dabei erinnert sie an vergessene Traditionen des Abschied nehmens und zeigt, wie sie in die Realität umzusetzen sind. Die Bedeutung von Ritualen, wie die Krankensalbung, die letzte Ölung, das Räuchern mit Kräutern und das Abbrennen von Kerzen wird beschrieben, genauso wie die konkrete Gestaltung der Totenfeier.

Der frühe Verlust eines Kindes
Manfred Beutel
ISBN 3801714721
Das Buch zeigt Eltern, die durch den Verlust eines Kindes durch Fehlgeburt, Totgeburt oder Schwangerschaftsabbruch betroffen sind, Möglichkeiten der Bewältigung auf. Es informiert umfassend und will zum besseren Verständnis dieses tragischen Verlustes beitragen. Helfern werden konkrete Hilfestellungen an die Hand gegeben.

Der kleine Prinz
Antoine de Saint-Exupery
ISBN 3829110812
Das zentrale Thema dieser Geschichte vom kleinen Prinzen ist die Aufhebung der Einsamkeit in der Freundschaft. Dieses Buch macht Mut, sich im Leben an die wahren Werte zu erinnern: an Freundschaft, Mitmenschlichkeit, und sich Zeit zu nehmen für die kleinen Dinge im Leben. Denn sie sind das Größte

Die Brüder Löwenherz
Astrid Lindgren
ISBN 3789129410
Die bekannteste Kinderbuchautorin schreibt eine Geschichte über die Brüder Löwenherz, die sich nach ihrem Tod in Nangijala, der ersten Welt nach dem Tod, wieder treffen. Dort erleben sie viele Abenteuer, deren Ziel es ist, Nangijala von seinem dunklen Herrscher zu befreien. Ein Buch, das das Thema Leben nach dem Tod in kindgerechter Form behandelt.

Du wirst immer bei mir sein
Inger Hermann und Carme Sole-Vendrell
ISBN 3491795214
Der fünfjährige Peter verliert bei einem Verkehrsunfall seinen Vater und kann dennoch dessen Nähe fühlen. Kindern wird verständlich erklärt, was Tod ist und bedeutet. Es macht deutlich, dass der geliebte Vater mit seiner Liebe in einem weiterlebt, solange man an ihn denkt.

Geschwister-Trauer
Wolfgang Holzschuh
ISBN 3791717286
Eine besondere Form der Trauer ist die Geschwistertrauer, denn Kinder und Jugendliche werden sehr häufig als Trauernde nicht wahrgenommen. Aber auch für sie ist es schwer, den Verlust eines geliebten Menschen zu verarbeiten. Das Buch beschäftigt sich mit der Frage, was Seelsorger, Pädagogen, betroffene Eltern, aber auch Mitarbeiter in der Hospizbewegung oder Bestatter darüber wissen sollten.

Grenze des Lebens, aber nicht der Liebe
Irmgard Erath
ISBN 3890087930
Tröstliche Gedanken und Texte für Trauernde.

Gute Hoffnung - jähes Ende
Hannah Lothrop
ISBN 3466343895
Hannah Lothrop schreibt mit großer Sorgfalt, nicht zuletzt auch durch die eigene Betroffenheit, über Fehlgeburt, Totgeburt und auch über den Verlust in der frühen Lebenszeit. Sie hat große Sympathie für Menschen, die es wagen, ihre Gefühle zu leben und gibt Eltern neue Hoffnung. Dieses Buch ist aber auch ein Ratgeber für alle, die von einem solchen Verlust betroffen sind, wie Freunde, Bekannte, Großeltern.

Hinter dem Hügel
Shigeko Yano und Ursula Wölfel
ISBN 3491793602
Das, was für uns Menschen nicht sichtbar ist, wirft viele Fragen auf. Antworten finden sich aber letztlich auch in unseren Erfahrungen.

Ich begleite dich durch deine Trauer
Jorgos Canacakis
ISBN 3783110394
Dieses Buch gibt eine einfühlsame Begleitung im Trauerprozess und ist für all diejenigen, die aktiv den Schmerz und die Trauer verarbeiten möchten. Der Autor unterscheidet dabei zwischen lebenshemmender und lebensfördernder Trauer, zeigt aber auch gleichzeitig Lebensperspektiven auf.

Ich trage dich in meinem Herzen
Susanne Schniering
ISBN 392981353X
Die Geschichte über die Errichtung eines Gedenkplatzes für nicht beerdigte Kinder.

Im Himmel welken keine Blumen
Johann-Christoph Student
ISBN 3451049678
Prof. Dr. Student ist führend in der deutschen Hospizbewegung und vereint in diesem Buch Beiträge verschiedener Autoren, deren gemeinsame Schnittstelle die Begegnung von Kindern mit dem Tod ist. Es kommen Ärzte, Therapeuten und betroffene Eltern zu Wort. Das soll dazu beitragen, die Sprache von sterbenden Kindern zu verstehen.

In den Tod geboren
Fritz Helmut Hemmerich
ISBN 3980655504
Der Autor, Chefarzt einer Frauenklinik, führt Betroffene, aber auch Helfer durch dieses schwierige Thema. Das Buch kommt nicht mit Ratschlägen daher, sondern lässt frei und schafft Raum. Es kann immer wieder in Abschnitten gelesen werden.

Indianerjunge Kleiner Mond
Winfried Wolf und Nathalie Duroussy
ISBN 331400575X
Der Indianerjunge Kleiner Mond ist elternlos und alle, die er fragt, kennen seine Eltern nicht. Kleiner Mond erfährt nur, dass er nicht vom selben Stamm ist wie die anderen Indianer. So macht er sich eines Tages auf, seinen Stamm, seine Eltern zu suchen. Dabei kommt er zu einer uralten Indianerfrau, die bald sterben muss. Illustriert mit wundervollen Bildern.

In meinem Herzen die Trauer
Lis Bickel und Daniela Tausch-Flammer
ISBN 3451050900
Für Menschen in tiefer Trauer kann es hilfreich sein, durch die Begleitung anderer Menschen Trost zu erfahren. Aber auch in der Stille und in der Begegnung mit der Erfahrung anderer, wie sie durch das Lesen ermöglicht wird, vollzieht sich Heilendes. Die in diesem Buch gesammelten Texte helfen sehr.

Jetzt bist du schon gegangen, Kind
Gerda Palm
ISBN 3769812921
Das Buch richtet sich in erster Linie an professionelle Helfer, die Eltern frühverstorbener Kinder begleiten und beraten. Kurz, verständlich und übersichtlich wird erklärt, was Trauer bedeutet und wie eine systemisch orientierte Trauerberatung erfolgt. Das Buch gibt wertvolle Hinweise für die Gestaltung von Gottesdiensten und informiert über heilende Rituale.

Kein Laut mehr aus deiner Wiege
Anne Diamond
ISBN 3404613856
Als ihr kleiner Sohn mit nur vier Monaten am plötzlichen Kindstod stirbt, informiert sich die Moderatorin über das Phänomen des SIDS und macht dabei eine erschütternde Entdeckung. Anne Diamonds ist es zu verdanken, dass in Großbritannien die Kindstodrate binnen sechs Monaten um 50 Prozent zurückging.

Kinder sterben anders
Uwe Hermann
ISBN 357900994X
Ein hilfreiches Buch für Betroffene. Eltern und Geschwister berichten offen über ihre Gefühle, ihren Schmerz, ihre Hilflosigkeit. Es zeigt aber auch, dass wieder Lebensmut und Zuversicht gewonnen werden kann, wenn man sich Zeit lässt zum Trauern. Selbsthilfegruppen, Hospize und Krankenhausseelsorge bieten Unterstützung und deren Mitarbeiterinnen berichten über ihre Arbeit und ihre Erfahrungen in der Sterbe- und Trauerbegleitung.

Kinder und Tod
Elisabeth Kübler-Ross
ISBN 3426774607
Dieses Buch gibt einen tiefen Einblick darüber, dass Kinder ganz normal mit dem Thema Tod umgehen können. Die weltberühmte Ärztin und Sterbeforscherin Kübler-Ross schreibt anhand von Erlebnissen, Gesprächen und Briefen auf einfühlsame Weise, was Tod für Kinder bedeutet, welche verschiedenen Stadien todkranke Kinder durchlaufen und wie Kinder mit dem Tod umgehen.

Lasst mich weinen
Martin Janssen
ISBN 3525018207
Die Tochter des Autors stirbt mit 16 Jahren nach einer Herzoperation. Der Vater schreibt ein Jahr lang seine Gefühle und Gedanken nieder, um so mit der Trauer leben zu lernen. Ein Buch für trauernde Eltern und Menschen, die Trauernde begleiten.

Leb wohl, lieber Dachs
Susan Varley
ISBN 3219102832
Das Buch handelt vom alten Dachs, der spürt, dass seine Zeit gekommen ist und er schließlich stirbt. Zurück bleiben Freunde, die trauern und sich erinnern, wie viel Hilfe der Dachs ihnen in ihr Leben brachte. Ein tröstliches Buch – nicht nur für Kinder.

Männer trauern anders
Elisabeth Levang
ISBN 3451052253
Die Trauerzeit nach dem Verlust eines nahen Menschen kann auch oftmals eine Krisenzeit in der Partnerschaft sein. Männer gehen mit Trauer und Verlusten anders um als Frauen, jedoch nicht weniger intensiv. Mit Erfahrungsberichten von trauernden Männern.

Meine Schwester ist ein Engel
Ulf Stark
ISBN 3551514763
Die Schwester von Ulf stirbt noch vor ihrer Geburt im Bauch der Mutter. Für Ulf ist sie nun ein Engel und immer in seiner Nähe. Doch niemand in Ulfs Familie kann das ahnen, denn niemand kann sie sehen – außer Ulf selbst. Das Buch bietet einige Antworten auf Fragen von Kindern in Bezug auf Sterben und Tod.

Mit Kindern trauern
Gertraud Finger
ISBN 3783120330
Auch Kinder begegnen dem Tod, auf ihre eigene Weise. Gertraud Finger zeigt, wie Kinder die Trauer verarbeiten und wie ihnen Eltern und Freunde dabei helfen können.

Neue Wege in der Trauer- und Sterbebegleitung
Chris Paul
ISBN: 357902308X
Dieses Fachbuch richtet sich vor allem an haupt- und ehrenamtliche Hospizmitarbeiter und Trauerbegleiter. Chris Paul veröffentlicht hier erstmals englischsprachige Fachliteratur der letzten Jahre und stellt Arbeiten vor, die ein neues Verständnis von Trauerprozessen vorschlagen. Einen Schwerpunkt bilden Angebote für trauernde Kinder und Jugendliche, sowie der Umgang mit erschwerenden Umständen, z.B. bei Mord.

Neun Strahlen hat die Sonne
Gertraud Sander
ISBN 3404255917
Die fünfjährige Sabine leidet an einer seltenen Herz- und Lungenkrankheit, die in jedem Fall tödlich endet. Die Familie bleibt zurück in tiefer Trauer. Ein einfühlsamer Erfahrungsbericht.

Noch einmal sprechen von der Wärme des Lebens
Mechthild Voss-Eiser
ISBN 3451049953
Eine umfangreiche Textsammlung aus der Erfahrung von Trauernden, die den Betroffenen aus der Seele sprechen. Sehr wärmend und wohltuend!

Nur der Frühling
Gordon Livingston
ISBN 3404614305
Als der sechs Jahre alte Sohn Lucas an Leukämie erkrankt, hält sein Vater die Ereignisse in einem Tagebuch fest. Auch eine Knochenmarkspende kann das Leben seines Sohnes nicht retten. Ein einfühlsamer Erfahrungsbericht.

Nur ein Hauch von Leben
Gottfried Lutz
ISBN 3780609517
Zahlreiche Beiträge von Eltern, die ihr Kind vor oder kurz nach der Geburt verloren haben; mit passenden Kommentaren von Fachleuten.

Schwanenwinter
Keizaburo Tejima
ISBN 3895650498
Die Geschichte handelt von einer Schwanenfamilie und ihrem kranken Kind. Da die Schwäne zu ihrem Sommerquartier in den Norden zurückkehren müssen, stehen sie im Konflikt: Einerseits das Schwanenkind in seiner Krankheit allein zu lassen und andererseits das eigene Überleben zu sichern.

Still, ich denke an das Huhn
Hans Hagen und Harrie Geelen
ISBN 3787695044
Das Huhn von Jan Erik ist gestorben. Er begräbt es neben einem Schälchen Getreide und einem Schüsselchen Wasser. Jan Erik ist traurig, dass nun sein Huhn weg ist, aber immer wenn er an das Huhn denkt, ist es auch wieder da.

Totgeburt weiblich
Angela Körner-Armbruster
ISBN 3442126959
Ein sehr sensibel und authentisch geschriebenes Buch, in dem die Autorin offen und ehrlich ihre Gefühle und die schwierige Situation nach einer Totgeburt beschreibt. Es regt zum Nachdenken und zum Verarbeiten der eigenen Trauer an und gibt Mut, nicht aufzugeben.

Trauer hat heilende Kraft
Jörg Zink
ISBN 3783107903
Der Autor begleitet auf dem langen Weg der Trauer durch Texte, die es ermöglichen, die Trauer zu durchleben und auch ganz neue Gefühle zuzulassen. Unterstrichen durch besinnliche, stimmungsvolle Fotos.

Trauern hat seine Zeit
Michaela Nijs
ISBN 3801712397
Beim frühen Verlust eines Kindes kurz vor oder nach der Geburt können Betroffene nicht auf traditionelle Abschieds- und Trauerrituale zurückgreifen. Aufgrund vieler Gespräche mit betroffenen Müttern erläutert die Autorin den Prozess der Trauer.

Tränen, die nach innen fließen
Regine Schindler
ISBN 3780623366
In diesem Buch geht es um die verschiedensten Situationen, in denen Kinder und Eltern dem Tod begegnen: Tod eines Säuglings, den frühen Tod eines Geschwister- oder Elternteils, um das scheinbar normale Sterben eines alten Menschen oder den Verlust eines Tieres. In deren Erlebnisberichten erzählen sie von ihrem Leid, ihrer Auflehnung und den Formen der Verarbeitung der Trauer.

Trost in der Trauer
Patricia Kelley
ISBN 3426870509
Die Autorin dieses Buches schreibt authentisch und einfühlsam. Sie hilft dadurch nicht nur Trauernden, sondern auch Menschen aus deren Freundes- und Bekanntenkreis, die aufwühlenden Gefühle zu ordnen.

Um Kinder trauern
Anja Wiese
ISBN 3579009389
Die Autorin – hauptamtliche Mitarbeiterin bei VEID und Trauerbegleiterin – zeigt, wie wichtig gelebte Trauer ist. Sie weist betroffenen Eltern und Geschwistern einen Weg, ihren seelischen Schmerz zu verarbeiten.

Und trockne deine Tränen
Wolfgang Raupp
ISBN 3579034111
Wolfgang Raupp begleitet seine Leser bei ihren Fragen, Gedanken und Gefühlen auf dem langen Weg der Trauer. Er ermutigt, sich Zeit zu lassen und gibt konkrete Alternativen für die heilsame Gestaltung dieser schweren Zeit. Wolfgang Raupp verlor einen Sohn mit 17 Jahren an Leukämie.

Unendlich ist der Schmerz
Julie Fritsch
ISBN 3466343364
Nach dem Tod ihres Sohnes Justin, der während der Geburt an einer ungewöhnlichen Nabelschnurkomplikation starb, fing Julie Fritsch an, ihren persönlichen Trauerweg, die Qual des Verlustes und die tiefen schmerzlichen Gefühle im Modellieren von Lehmskulpturen darzustellen und Ausdruck zu verleihen. Kurze, ansprechende Texte vervollständigen die Aussage der Bilder. Eltern, deren Baby vor oder während der Geburt gestorben ist, finden sich mit ihren Gefühlen in diesem Buch wieder.

Über den Tod und das Leben danach
Elisabeth Kübler-Ross
ISBN 3923781024
Die bekannte Sterbeforscherin Kübler-Ross beschreibt den Tod als ein Hinübergehen in einen neuen Bewusstseinszustand, in dem wir befähigt sind, weiterhin seelisch und geistig zu wachsen. Das Buch, das das Thema Tod und Wiedergeburt beschreibt, ist auf eine sehr einfache und leicht verständliche Weise geschrieben und kommt gänzlich ohne großes Ärztelatein aus.

Was kommt nach dem Leben?
Jörg Zink
ISBN 3783120012
Jörg Zink beschreibt den Tod als Rückseite einer ganz anderen Form von Leben. Kurze, gut lesbare Texte mit ausdrucksstarken Bildern.

Wenn die Wiege leer bleibt
Sabine Bode und Fritz Roth
ISBN 343103344-X
Wird ein Kind tot geboren oder stirbt unmittelbar nach der Geburt, bricht für die Eltern eine Welt zusammen. Anhand von Beispielen wird beschrieben, mit welchen Gefühlen die Betroffenen kämpfen. Die Autoren schaffen Verständnis für dieses Tabuthema, das dennoch viele Menschen bewegt.

Wenn guten Menschen Böses widerfährt
Harold S. Kushner
ISBN 3579009656
Harold Kushner schrieb dieses Buch aus Anlass der Krankheit und des Todes seines Sohnes. Er will helfen, mit menschlichem Leid und der Gerechtigkeit Gottes umzugehen.

Wenn Kinder nach dem Sterben fragen
Daniela Tausch-Flammer
ISBN 3451048825
Dieses einfühlsame Begleitbuch für Kinder, Eltern und auch Erzieher hilft, sich auf das Thema Tod und Sterben kindgerecht einzulassen, um es als natürlichen Teil des Lebens anzunehmen und um Kinder in ihrem Schmerz und ihrer Trauer behutsam begleiten zu können.

Wenn Kinder trauern
Tobias Brocher
ISBN 3499179504
Der Sozialpsychologe und Psychoanalytiker Tobias Brocher informiert behutsam und kenntnisreich Eltern darüber, wie Sie Kindern helfen können, Trauer zu durchleben.